MAURÍCIO PEREIRA BORGES JÚNIOR

Desenvolvendo WebServices

Guia Rápido C#.NET usando Visual Studio.Net 2003 com Banco de Dados SQL SERVER

Desenvolvendo WebServices
Copyright© Editora Ciência Moderna Ltda., 2005

Todos os direitos para a língua portuguesa reservados pela EDITORA CIÊNCIA MODERNA LTDA. De acordo com a Lei 9.610 de 19/2/1998, nenhuma parte deste livro poderá ser reproduzida, transmitida e gravada, por qualquer meio eletrônico, mecânico, por fotocópia e outros, sem a prévia autorização, por escrito, da Editora.

Editor: Paulo André P. Marques
Supervisão Editorial: João Luís Fortes
Capa: Antonio Carlos Ventura
Diagramação: Abreu's System
Revisão: Eliana Moreira Rinaldi
Revisão de provas: Larissa Viana Câmara

Várias **Marcas Registradas** podem aparecer no decorrer deste livro. Mais do que simplesmente listar esses nomes e informar quem possui seus direitos de exploração, ou ainda imprimir os logotipos das mesmas, o editor declara estar utilizando tais nomes apenas para fins editoriais, em benefício exclusivo do dono da Marca Registrada, sem intenção de infringir as regras de sua utilização.

FICHA CATALOGRÁFICA

Borges Júnior, Maurício Pereira
Desenvolvendo WebServices
Rio de Janeiro: Editora Ciência Moderna Ltda., 2005.

Linguagens de Computação
I — Título

ISBN: 85-7393-442-5   Informática   CDD 001642

Editora Ciência Moderna Ltda.
R. Alice Figueiredo, 46 – Riachuelo
Rio de Janeiro, RJ – Brasil   CEP: 20.950-150
Tel: (21) 2201-6662/ Fax: (21) 2201-6896
http://www.lcm.com.br
lcm@lcm.com.br

Dedico este livro ao meu grande Deus, aos amigos e familiares, não podendo esquecer de você, leitor e desenvolvedor. Espero que ele possa lhe trazer grandes conhecimentos e sabedoria nessa nova plataforma da Microsoft chamada .NET, usando a tecnologia ASP.NET e com a linguagem C#.NET.

Sumário

AGRADECIMENTOS IX

NOTA DO AUTOR XI

1 Introdução ao WebServices 1
  Algumas vantagens de uma aplicação de WebServices 1

2 Integração de Aplicações 3

3 Computação Distribuída 5
  1987 5
  1989 5
  1990 6
  1991 6
  1996 6
  1997 6
  1998 6
  1999 7

4 Arquitetura Orientada a Serviços 9
  Provedor de Serviço 9
  Requisitor de Serviço 9
  Registrador de Serviço 9
  Pilhas de Interoperabilidade 10

5 Extensible Markup Language (XML) 11
    XML 11
    Distribuição 11
    Orientação a Dados 12
    Estrutura do Documento XML 12
    Elementos 12
    Atributos 13
    Comentários 13

6 Instalando Visual Studio.NET 15

7 Praticando WebServices 35

8 Codificando o WebService 39
    Explicando o Código 39

9 Acessando o WebService Através de Outro Programa 47
    Instanciando e Codificando o WebService 50
    Explicando o Código 51

10 Criando Banco de Dados SQL SERVER 57
    Criando Tabela do Banco de Dados 58
    Descrição e Especificação da Tabela 60
    Criando Store Procedure para Inserir no Banco de Dados 61
    Explicando o Código 62

11 Acesso a Banco de Dados 65
    Criando Classe para Acessar Banco de Dados 65
    Codificando Classe de Acesso a Banco de Dados 69
    Explicando Código 70
    Criando Métodos para Conexão no Banco de Dados 71
    Explicando a Assinatura do Método 71
    Explicando o Código 72
    Criando o Método para Fechar o Banco de Dados 73
    Explicando Código 73

12 Inserindo Dados no Banco 75
    Explicando a Assinatura do Método 76
    Explicando o Código 76

Criando WebService para Inserir Dados no Banco	79
Explicando o Código	80
Mostrando o WebService Criado	82

13 Criando WebService que Retorna String 89
    Explicando o Código 90
    Consumindo WebServices 93
    Explicando o Código 97
    Executando o Código Criado Anteriormente 99

14 Criando WebService que Criptografa Dados 105
    Uso de Criptografia em Sistema de Informação 105
    Gerando Chave de Criptografia 105
    Quando usar Criptografia de Dados? 107
    Criando a Classe de Criptografia 109
    Criando WebService para Criptografar e Descriptografar
        Dados 116
    Explicando o Código 117
    Explicando o Código 118
    Executando o Código Criado 119
    Dicas de WebSservices Prontos 125
    Nota Final 128

Agradecimentos

Gostaria de agradecer primeiramente a Deus, por me dar sabedoria para escrever este livro. Sem Ele eu não seria nada e sem objetivo.

Agradeço também ao Paulo André, meu editor, que confiou e acreditou em mim; mesmo de longe e nos comunicando apenas por e-mail e telefone, ele teve perseverança para seguir com o projeto. Agradeço ao George Meireles pela supervisão editorial do livro, me ajudando e mostrando opiniões construtivas. Agradeço toda equipe da Editora Ciência Moderna.

Gostaria também de agradecer à minha família. Minha mãe, Ana Maria Ferreira da Silva e ao meu pai, Mauricio Pereira Borges, por acreditarem em mim e me compreender, mesmo nos momentos críticos em que tive que me isolar para escrever o livro. Agradeço a minha noiva Priscilla Cardoso Carvalho pela ajuda e compreensão. Agradeço também a Adalberto Aparecido Rodrigues Pereira, por estarmos em Brasília e sermos grandes amigos.

Finalmente, gostaria de agradecer a você, leitor, não só por comprar o livro, mas também por usá-lo. Espero que ele o ajude a ir para casa mais cedo, para que você consiga fazer algo a mais no seu dia-a-dia.

Nota do Autor

■ Finalidade do Livro e Como Usar

Desenvolvendo WebServices tem a finalidade de ensinar o leitor a fazer WebServices, usando a tecnologia ASP.NET com a linguagem C#.NET, criada pela Microsoft, usando Visual Studio.NET 2003. Essa ferramenta é muito útil para o desenvolvimento de um serviço WebService, ou seja, serviço da Web, possuindo todos os requisitos e objetos necessários para o usuário aprender de uma maneira prática, fácil e rápida.

O livro possui exemplos de aplicações completas, cada um com o seu código-fonte e uma ilustração para o usuário, prestando uma assistência ao desenvolver os exemplos. O banco de dados utilizado no livro é o SQL SERVER versão 2000, que pode ser obtido no site da Microsoft: http://www.microsoft.com.br.

É necessário instalar o IIS (Internet Information Services) para rodar os serviços da Web, logo após instalar o banco de dados. Em seguida, instale o Visual Studio.Net 2003.

Para o usuário
☑ Iniciante
☑ Intermediário
☑ Avançado

Nível do livro
☑ Iniciante
☑ Intermediário
☑ Avançado

Para contato, se necessário:

MAURÍCIO JÚNIOR
Gerente dos sites abaixo:
www.ascompras.com.br
www.osfilmes.net
E-mail / MSN Messenger: mauricio@ascompras.com

Introdução ao WebServices

WebServices é um componente de software independente de plataforma e implementação. Os WebServices podem ser considerados como a união da infra-estrutura da internet com a rápida comunicação da linguagem XML. Sua utilização permite a disponibilização de funcionalidades de uma aplicação através da internet, de uma forma padronizada. Aplicações que não podiam ser acessadas exceto através de protocolos rígidos e proprietários, agora são acessíveis via web.

Os WebServices representam um fragmento de informação que pode ser acessado por qualquer um, em qualquer lugar, utilizando qualquer tipo de dispositivo. O consumidor dessa informação pode ser tanto uma pessoa acessando o serviço através de um cliente browser ou de uma aplicação desktop, ou até mesmo um celular, usando o mesmo WebServices.

▪ Algumas vantagens de uma aplicação de WebServices

As vantagens de uma aplicação de WebServices dentro das empresas são inúmeras. A infra-estrutura atual dos sistemas nas empresas precisa ser modificada. Não é necessário apenas que os sistemas internos de patrimônio, contabilidade, produção e atendimento a cliente possam interagir entre si, é necessário também que estes sistemas estejam disponíveis para os parceiros e consumidores, e possam interagir com os seus sistemas. Os WebServices permitem que esta integração seja feita sem a necessidade de uma ligação permanente com um parceiro em particular.

Utilizando-se dos WebServices, a indústria de tecnologia está colocando em prática um dos mais antigos conceitos da computação distribuída: localização e acesso de sistemas remotos. A grande diferença é que agora a indústria está olhando para o problema usando tecnologias abertas (XML e protocolos de internet), padrões abertos e gerenciados pela WEB (WWW).

Como foi dito antes, os WebServices podem ser chamados por aplicações desktop, sistemas mainframe, web browsers e até mesmo dispositivos móveis como celulares, PocketPC e PDAs. Independentemente da aplicação, os WebServices serão usados para integração de sistemas, tornando-se flexíveis e pouco acoplados, permitindo que sejam decompostos e recompostos para refletir as mudanças de negócios. Aplicações que são expostas como WebServices são acessíveis por outras aplicações, rodando em diferentes plataformas escritas em diferentes linguagens.

A promessa de que ocorrerão iniciativas para interoperabilidade é baseada no fato de que, com o decorrer do tempo, será possível desenvolver um conjunto de padrões, tecnologias e ferramentas que permitam que pequenas e grandes empresas integrem facilmente os sistemas internos, e então combinem e misturem a implementação de várias atividades dentro do processo, mantendo a opção de, a qualquer hora, terceirizar as atividades, se necessário.

Integração de Aplicações

Desenvolvedores corporativos sabem que uma boa parte dos esforços de desenvolvimento é gasto na integração de aplicações escritas em várias linguagens e rodando em diferentes sistemas. Eles necessitam importar dados vindos de uma outra aplicação existente rodando em um mainframe IBM, ou precisam enviar dados de uma aplicação para uma aplicação UNIX. Mesmo trabalhando na mesma plataforma, aplicações de diferentes fornecedores freqüentemente precisam ser integradas. Se os dados e funcionalidades de uma aplicação são expostos através de um WebService, este pode fornecer um mecanismo padrão de integração com outras aplicações.

A reutilização de software pode ocorrer de várias formas, em diferentes níveis. A forma mais básica de reutilização de código é através do uso repetido de módulos ou classes do código-fonte. Outra forma de reutilização de código é a binária, baseada em componentes. Mas a reutilização de código sempre foi limitada pelo fato de ser impossível reaproveitar dados. A razão para isto é que pode-se facilmente distribuir componentes ou código-fonte, mas não os dados, a não ser que sejam dados estáticos.

Os WebServices permitem que a reutilização de código seja acompanhada da reutilização dos dados necessários. Ao invés de comprar e instalar um componente de terceiros e chamá-lo localmente em uma aplicação, esta poderia se beneficiar de um WebService remoto. Por exemplo, se o usuário de uma aplicação entra com o endereço de correspondência e é necessário validá-lo, isto poderia ser feito por WebService de verificação de endereço. Este serviço pode procurar o endereço de rua, a cidade, o estado e o CEP para certificar que tal endereço existe e que ele está dentro do CEP especificado. O provedor pode cobrar uma taxa periódica para utilização de seu serviço ou até uma taxa única por cada utilização. Um serviço como esse é difícil de ser feito com reutilização de componentes, pois a própria empresa teria que manter um banco de dados atualizado de endereços, cidade, estados e CEP, fugindo assim do escopo de seu negócio.

Outra possibilidade para reutilização de software é quando se está construindo uma aplicação que agrega a funcionalidade de muitas outras aplicações. Por exemplo, pode-se construir um portal na intranet que permita que o usuário cheque o status de um pacote enviado pelo correio, saiba a cotação da bolsa, veja o calendário ou compre entradas para o cinema. Todas essas funções podem ser realizadas hoje na internet utilizando aplicações separadas, disponibilizadas por diferentes fornecedores. Se estas aplicações expuserem suas funcionalidade através de WebServices, pode-se facilmente escrever uma aplicação de portal que combine todas as funcionalidades em uma interface cliente acessível e consistente.

Computação Distribuída

Acomputação distribuída surgiu para solucionar o problema da interação entre sistemas que trabalham juntos na solução de um problema. O conceito de computação distrubuída mais utilizado é o RPC (Remote Procedure Call ou Chamada Remota de Procedimento), que permite invocar uma função de qualquer lugar como se ela fosse uma função local.

■ 1987

A Sun Microsystems desenvolve o Open Network Computing (ONC), sistema RPC que estabelece um mecanismo de comunicação básica para o Network File System (NFS).

A Apollo Computer desenvolve o Network Computing System (NCS), sistema RPC para seu sistema operacional Domain.

■ 1989

A Open Software Foundation (OSF, hoje The Open Group) solicita submissões para incorporar um sistema RPC ao seu Distributed Computing Environment (DCE). O sistema escolhido é o NCS, agora da HP.

O Object Management Group (OMG) foi formado para desenvolver especificações de linguagens e plataformas neutras para computação distribuída. O OMG inicia o desenvolvimento de especificações para a arquitetura CORBA, uma plataforma de objetos distribuídos.

■ 1990

A Microsoft baseia suas iniciativas em RPC em uma versão modificada do DCE/RPC.

■ 1991

A versão 1.0 do DCE é apresentada pela OSF.

CORBA 1.0 é lançado com uma linguagem única de mapeamento para a linguagem C. O termo Object Request Broker (ORB) ganha popularidade como uma infra-estrutura para objetos distribuídos.

■ 1996

A Microsoft lança o Distributed Component Object Model (DCOM), que segue a linha dos esforços anteriores da Microsoft na área de componentes, tendo como base as tecnologias de RPC da Microsoft.

O CORBA 2.0 é lançado com melhorias no modelo de computação distribuída, bem como nos serviços de alto nível que os objetos distribuídos podem utilizar. O Internet Inter-ORB Protocol (IIOP) fez parte desta especificação.

■ 1997

A Sun lança o JDK 1.1 e inclui o Remote Method Invocation (RMI), que define um modelo para computação distribuída usando objetos Java. O RMI é similar ao CORBA e DCOM, mas trabalha apenas com objetos Java e possui um protocolo ORPC chamado Java Remote Method Protocol (JRMP).

■ 1998

A Microsoft anuncia a primeira versão do COM+, o sucessor do DCOM. As capacidades do COM+ o tornam semelhante ao modelo CORBA para a computação distribuída.

■ 1999

A Sun apresenta a J2EE (Java 2 Platform Enterprise Edition), que integra RMI com IIOP, tornando fácil a interoperabilidade entre Java e sistemas CORBA.

O Simple Object Access Protocol (SOAP) aparece pela primeira vez. Tem inicio a era dos WebServices.

Arquitetura Orientada a Serviços

A tecnologia por trás dos WebServices está baseada em um padrão de arquitetura service-oriented architecture (SOA). O SOA possui um conceito simples, o que o torna facilmente aplicável em uma grande variedade de situações no desenvolvimento de WebServices.

▪ Provedor de Serviço

Um provedor de serviço é responsável por criar a descrição de um serviço, publicando-a para um ou mais registros de serviços, e recebendo chamadas de um ou mais requisitores. Pode-se comparar um Provedor de Serviço a um servidor de um relacionamento cliente-servidor.

▪ Requisitor de Serviço

Um requisitor de serviço é responsável por encontrar a descrição de um serviço publicado em um ou mais Requisitores de Serviços. Ele é responsável pelo uso das descrições de serviços para chamar o WebService hospedado em um Provedor de Serviço. Um consumidor de WebServices pode ser considerado um requisitor de serviço.

▪ Registrador de Serviço

Um registrador de serviço é responsável por divulgar as descrições de serviços publicados pelo Provedor de Serviço, e também por permitir que o requistor de serviço procure um serviço qualquer nessa lista de descrições. O registrador é apenas um mediador entre o requisito de serviço e o provedor de serviço.

■ Pilhas de Interoperabilidade

Os WebServices são apresentados como uma tecnologia de acesso e integração de aplicações e não uma tecnologia de implementação. Portanto, uma variedade de padrões e tecnologias estão envolvidas, tais como XML, SOAP, WSDL, UDDI, WSEL, WSFL etc. Isto faz com que a construção de WebServices pareça complicada. Sendo assim, a W3C, IBM e Microsoft apresentaram o conceito de pilhas de interoperabilidade para facilitar o entendimento e construção de WebServices.

Extensible Markup Language (XML)

XML é uma metalinguagem, ou seja, uma linguagem que possibilita a criação de outras linguagens a partir dela. XML surgiu do Standart Generalized Markup Language – SGML, um padrão de marcação criado pelo Dr. Charles Goldfarb.

Este foi criado a partir da necessidade básica de se realizar o armazenamento de dados independentemente da plataforma adotada, ou seja, uma linguagem para descrição de linguagens de marcação. O HTML é um tipo de linguagem de marcação; sendo assim, é uma aplicação do SGML. Como XML, existem várias outras linguagens de marcação.

▪ XML

O XML surgiu da necessidade de uma linguagem comum para comunicação entre dispositivos, browsers da web, computadores e aplicativos. As alternativas viáveis existentes, HTML e SGML, não se mostraram práticas para este propósito. Sendo assim, o XML herdou o melhor do SGML, HTML e de outras linguagens de marcação de sucesso, além de acrescentar uma lista de características que a torna mais adequada do que SGML ou HTML.

▪ Distribuição

Além da ligação, o XML introduz um método de inclusão de alvos de ligação na instância atual muito mais sofisticado. Isso abre a porta para um novo mundo de documentos de composição – documentos compostos de fragmentos de outros documentos que são automaticamente (e transparentemente) montados para formar o que é mostrado em um num momento particular. O conteúdo pode ser instantaneamente adequado ao momento, à mídia e ao leitor, e pode ter somente uma passageira existência: uma realidade de informações virtuais composta de documentos virtuais.

■ Orientação a Dados

Apesar de documentos XML serem legíveis por humanos, o comércio eletrônico requer que o formato dos dados seja legível por máquinas. O XML torna isso possível ao definir um formulário de XML que pode ser mais facilmente criado por uma máquina, mas ele também adiciona um controle de dados mais rígido através das iniciativas mais recentes de esquemas XML.

■ Estrutura do Documento XML

Um documento XML é composto de marcações e conteúdo. Veja o exemplo abaixo:

```
<ROOT>
<PESSOA>
   <NOME>Maurilio Paulo Alberto Santos</NOME>
   <ENDERECO>SQN 908 BL.3 AP.199</ENDERECO>
   <DATA_NASC>23/03/2002</DATA_NASC)
   <EMAIL>maurilio@asc.com.br</EMAIL>
</PESSOA>
</ROOT>
```

■ Elementos

São considerados a mais trivial forma de marcação. São delimitados por "<" e ">" e identificam a natureza do conteúdo que delimitam. Alguns elementos podem ser vazios, nos casos em que não possuem conteúdo.

Se um elemento não é vazio, ele inicia com uma tag inicial e termina com uma tag final. Ou seja, tag inicial elemento tag final. Veja o exemplo abaixo:

```
<objetivo>Livro</objetivo>
```

▪ Atributos

Atributos são pares de nomes e valores que ocorrem dentro de uma tag inicial, depois do nome de um elemento. Veja o exemplo a seguir:

```
<objetivo tipo="qualquer">Livro</objetivo>
```

▪ Comentários

Em um documento XML, os comentários podem ser incluídos da seguinte forma: <!— comentário comentário completo à —>. Comentários podem ser compostos por qualquer caracter. Os comentários não são parte do conteúdo de um documento XML, ou seja, quando o documento é processado, eles são ignorados. Veja o exemplo a seguir:

```
<!— o meu comentário está aqui nessa parte do códido
    todo o documento abaixo é o menu —>
<objetivo tipo="qualquer">Livro</objetivo>
```

Instalando Visual Studio.NET

Neste capítulo de introdução, demonstrarei a instalação do Visual Studio.NET 2003 com as devidas explicações e ilustrações.

A versão completa e original do Visual Studio. Net é composta de seis CDs, sendo três do sistema, com as devidas linguagens e objetos necessários para usá-los, e três de instalação do HELP MSDN.

Coloque o CD número um. O sistema vai checar o produto e algumas informações no seu computador. Veja a Figura 6.1.

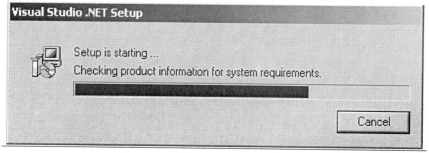

FIGURA 6.1

Depois de feita toda a verificação necessária, aparecerá uma outra tela para a instalação dos requisitos do sistema. Lembre-se de que para usar aplicações para Web usando o Visual Studio. Net, deve-se ter o IIS (Internet Information Services) instalado. Caso você não tenha, na entrada do primeiro CD será requisitada a sua instalação, antes de tudo. Seguindo, veja a Figura 6.2:

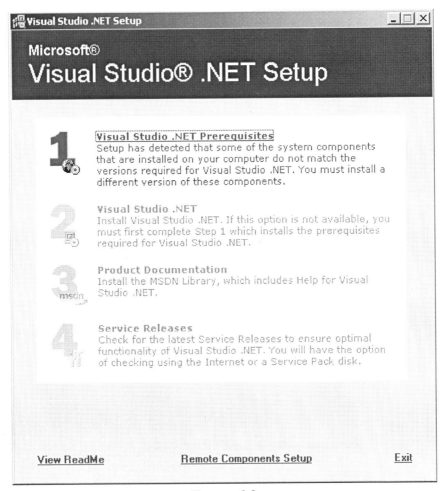

FIGURA 6.2

Clicando no único item habilitado, **Visual Studio.Net Prerequisites**, o sistema de instalação pedirá automaticamente o CD de pré-requisitos, que vem junto com os demais. Observe a Figura 6.3:

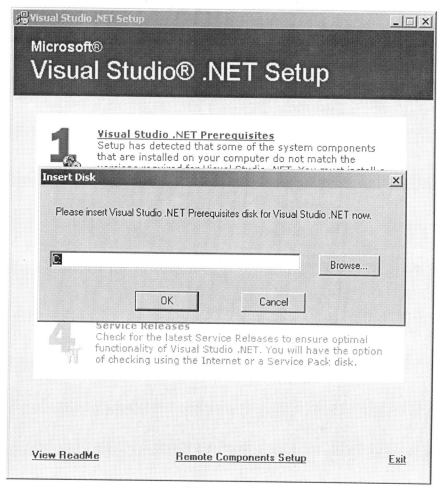

Figura 6.3

Colocando o CD de pré-requisitos, clique no **o.k.** da tela acima ou indique o local onde se encontra o CD.

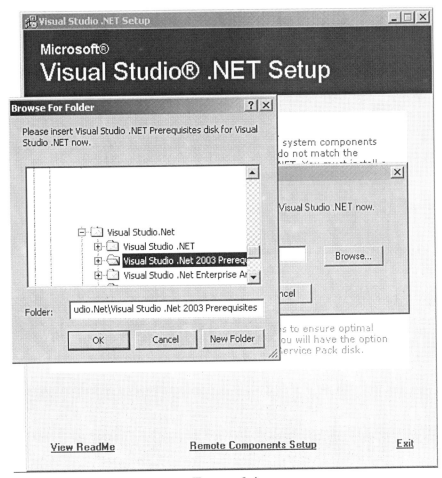

FIGURA 6.4

No meu caso, indiquei o local da instalação, para que o sistema possa acessar os objetos e arquivos corretos.

Capítulo 6 ❖ *Instalando Visual Studio.NET*　　　**19**

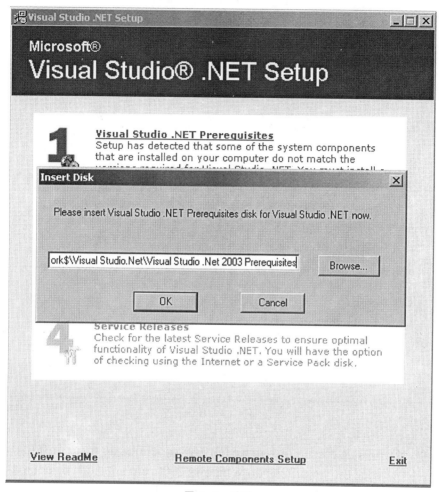

Figura 6.5

Existe uma licença que você deve ler e, em seguida, aceitar. Embora normalmente ninguém leia as licenças que quase todo sistema exibe, é sempre bom ler as informações contidas, para depois aceitar ou não.

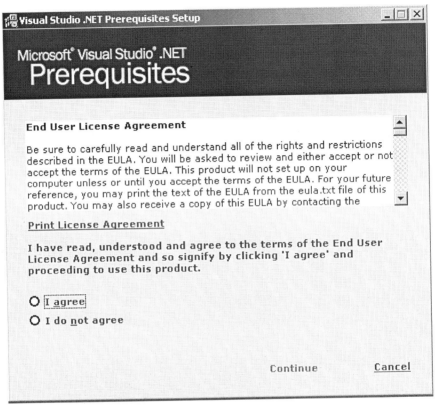

FIGURA 6.6

Depois de clicar em **I agree** (eu aceito), clique no link **continue**.

Se você estiver utilizando Windows 2000, em uma rede de computadores, aparecerá a tela a seguir, referente ao login. Não marque nada e siga adiante.

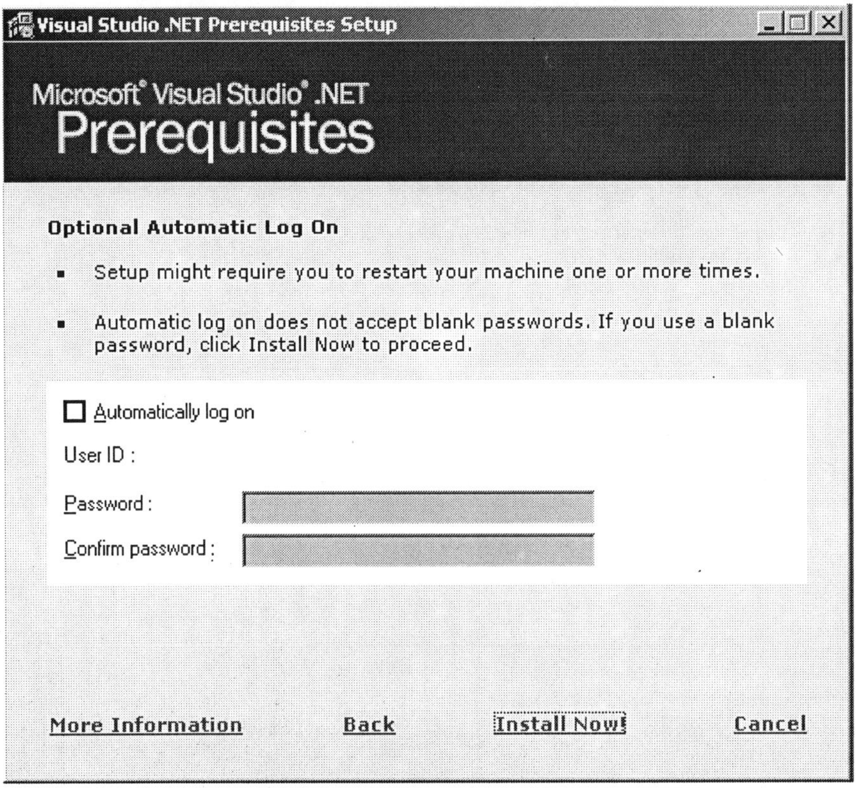

CAPÍTULO 6 ❖ *Instalando Visual Studio.NET* **21**

FIGURA 6.7

Clicando em **Install Now**, ocorrerá a instalação dos componentes que estão faltando no seu sistema operacional, sendo servidor ou desktop. Veja a Figura 6.8:

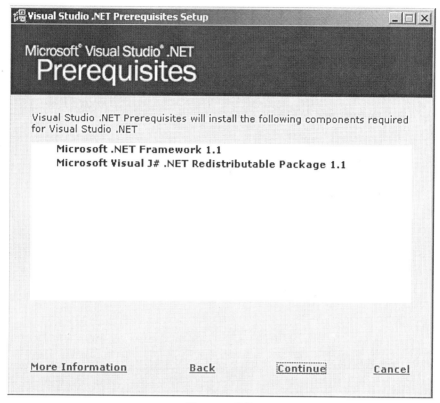

FIGURA 6.8

Nessa tela foram detectados os objetos e sistemas que precisam ser instalados no meu computador. Na Figura 6.9, você confere os mesmos sendo instalados.

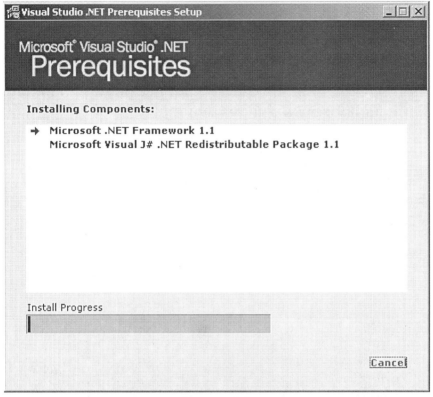

Figura 6.9

Os requisitos estão sendo instalados, o que levará algum tempo. Perceba que os itens instalados com sucesso recebem uma marca azul, enquanto os impossibilitados de serem instalados recebem uma marcação vermelha.

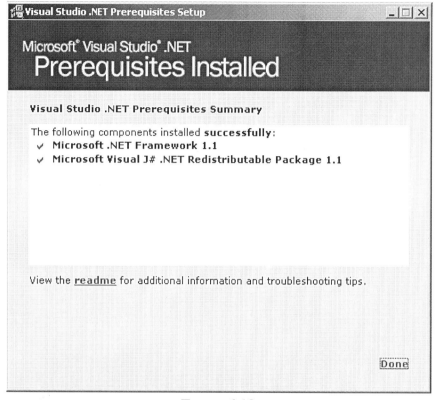

FIGURA 6.10

Veja que na minha máquina a instalação foi feita com sucesso. Logo após a instalação do pré-requisito, clique no link **done** para fechar a janela. Automaticamente, uma nova janela será aberta para, definitivamente instalar o Visual Studio.Net.

Capítulo 6 ❖ *Instalando Visual Studio.NET* **25**

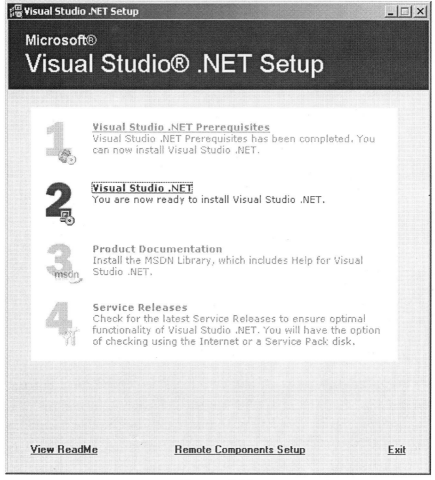

Figura 6.11

Clicando no link Visual Studio.Net, o sistema de instalação abrirá uma tela para você indicar o local ou colocar o CD, e clicar **Enter**.

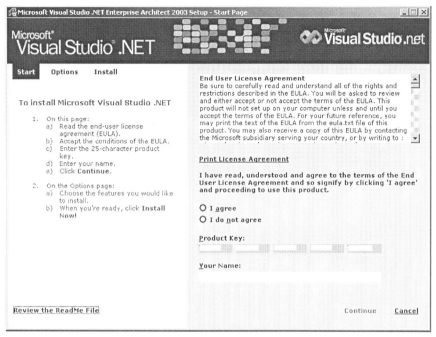

Figura 6.12

Após colocar o CD ou indicar o local, na tela seguinte digite a chave do produto e aceite a licença representada na imagem acima. Digitando tudo corretamente e aceitando, o link **continue** será habilitado automaticamente, dando continuidade à instalação. Na próxima tela, você poderá escolher as linguagens que gostaria de desenvolver, exemplos de sistemas desenvolvidos e objetos como o Crystal Report, dentre outros. O Visual Studio. Net veio com algumas habilidades para trabalhar com várias linguagens dentro de um mesmo sistema. Confira a imagem a seguir:

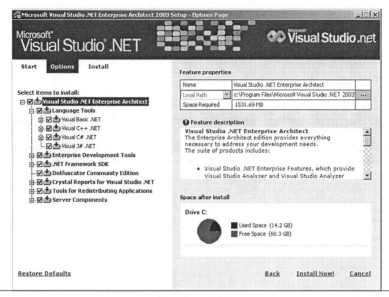

FIGURA 6.13

No meu caso, prefiro o desenvolvimento com C#.NET. Para não encher o meu computador de coisas inúteis, vou desmarcar algumas opções:

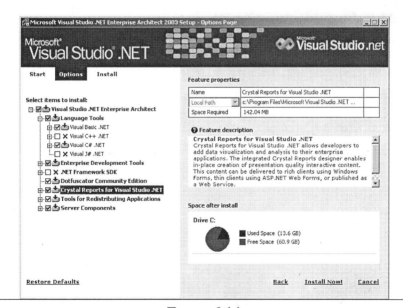

FIGURA 6.14

Ao desmarcar algumas opções que não irei usar, observe que houve um aumento de cerca de 1 giga de espaço livre. Quando terminar, clique em **Install Now**. Outra tela surgirá, gerando um script para instalar tudo o que foi marcado.

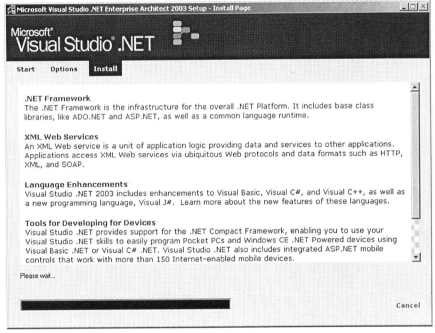

Figura 6.15

No decorrer do processo, o instalador irá pedir o outro CD de instalação (o CD 2) para continuar.

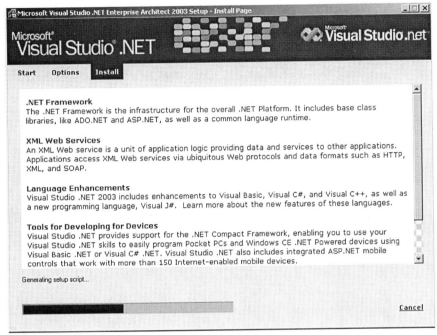

Figura 6.16

No término do processo, o sistema vai gerar um relatório informando as opções instaladas com sucesso e a eventual presença de erros na instalação.

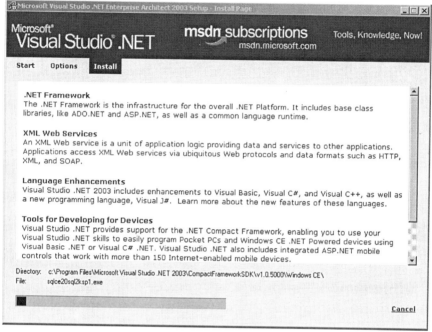

Figura 6.17

CAPÍTULO 6 ❖ *Instalando Visual Studio.NET* **31**

Na instalação que foi feita no computador, não houve erro. Nesse relatório pode ser visto o log da instalação e muito mais. Clicando depois em **done**, uma outra tela surgirá para a instalação do Msdn Help.

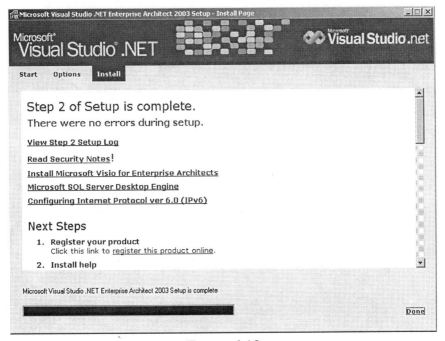

FIGURA 6.18

Para instalar o MSDN Help do Visual Studio.Net, é só clicar no link e colocar os CDs em ordem. No meu caso, não instalei o Help e cliquei no link **exit** para sair do sistema de instalação.

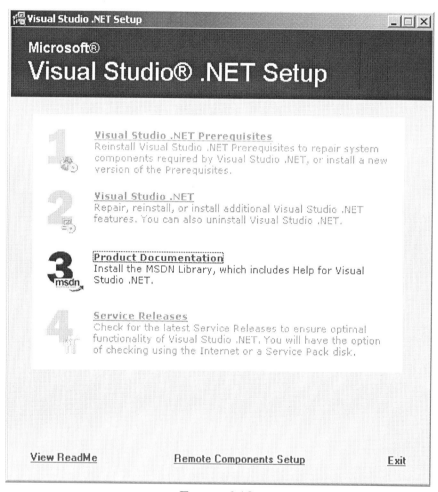

FIGURA 6.19

Depois do sistema ser instalado, execute o comando **iniciar / programas / Microsoft Visual Studio.net 2003 / Microsoft Visual Studio.NET 2003**, e o sistema abrirá corretamente. Veja a Figura 6.20:

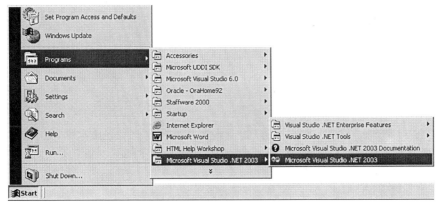

Figura 6.20

Praticando WebServices

Antes de tudo, gostaria de infomar que usarei no decorrer do livro a linguagem C#.NET, ou seja, o arquivo de código-fonte será com a extensão *.cs*. Agora mostrarei como criar o primeiro WebServices usando o Visual Studio.NET. No capítulo anterior mostrei como instalar o Visual Studio.NET, e agora utilizarei o mesmo.

Veja o passo a passo e como criar uma aplicação WebServices:

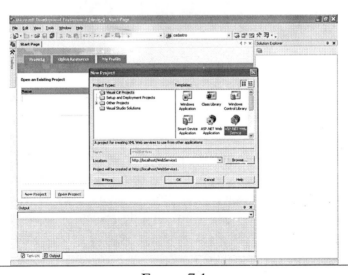

FIGURA 7.1

A Figura 7.1 mostra como escolher a opção para criar o WebService. Veja se está selecionada a opção *ASP.NET Web Service*, coloque o nome de *PrimeiroWebService* na barra *Location* e clique no botão *OK*. O Visual Studio.NET criará primeiramente a sua aplicação no IIS (Internet Information Service), e logo após criará uma pasta chamada WWWROOT, com o mesmo nome que criou o projeto. Veja na Figura 7.2 como ficará o seu projeto:

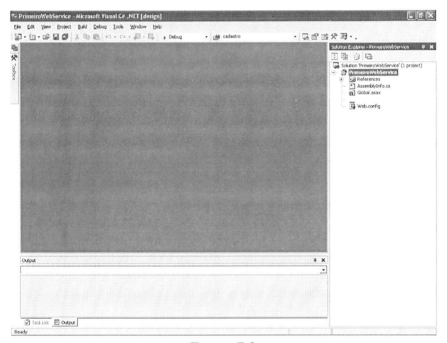

FIGURA 7.2

A Figura 7.2 mostra apenas depois que foi criado o projeto no seu Visual Studio.NET. Na Figura 7.3 criarei um arquivo chamado *Servico.asmx*, essa é a extensão do arquivo para o WebService. Clique com o botão direito do mouse em cima do projeto. Clique na opção *ADD*, logo após *ADD New Item*. A seguir, veja a Figura 7.3 que mostra o exemplo citado acima:

Capítulo 7 ❖ Praticando WebServices

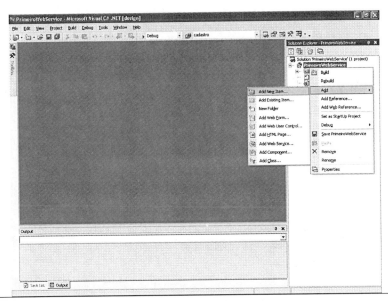

Figura 7.3

O Visual Studio.NET mostra as opções de arquivo. Existe uma opção de arquivo chamada **Web Service**. Selecionei e coloquei o nome de **Servico.asmx**. Veja a Figura 7.4:

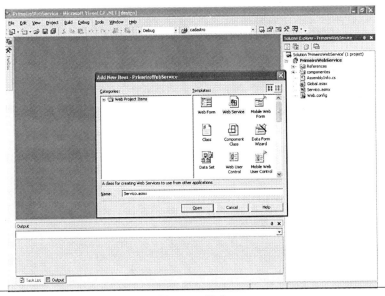

Figura 7.4

Logo após colocar o nome do arquivo, cliquei em **Open**. A Figura 7.5 mostra o arquivo criado. Cliquei duas vezes no mesmo para entrar no código-fonte, ou seja, o arquivo .cs. Veja as Figuras 7.5 e 7.6:

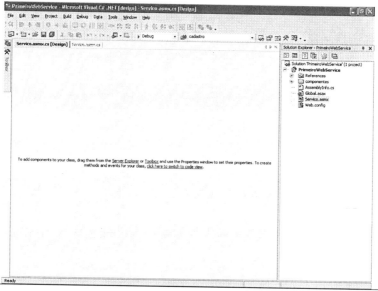

FIGURA 7.5

FIGURA 7.6

Codificando o WebService

Para começar, criarei vou estar criando um WebService simples e rápido, apenas para uma noção. Veja o exemplo abaixo:

```
/// <summary>
/// Metodo que apenas retorna o que escrevi
/// no campo solicitado do webservices.
/// </summary>
/// <param name="minha_pagina">valor de retorno</
param>
/// <returns>string</returns>
   [WebMethod(Description="Meu primeiro webservices")]
      public string Testando(string minha_pagina)
      {
         return minha_pagina;
      }
```

▪ Explicando o Código

Estou fazendo apenas um simples e prático WebService para que você veja como funciona. Apenas recebe uma string e retorna essa mesma string passada para o XML.

Esse comentário **[WebMethod ...** é apenas para que o desenvolvedor que for utilizar o mesmo, veja o comentário abaixo do sistema mostrando como utilizar.

Não posso esquecer de colocar o *<summary>* na parte de cima do código, depois de todo o sistema criado e funcionando corretamente, a documentação pode ser criada automaticamente pela ferramenta Visual Studio.NET. Mostrarei como fazê-lo nos capítulos posteriores.

☺ **Dica:** Para colocar o sumário automaticamente, cliquei apenas três vezes na tecla de barra (///). O Visual Studio.NET criará automaticamente os parâmetros de saída e de entrada, possibilitando apenas um comentário do código criado.

Na Figura 8.1, veja como ficará o seu código:

Figura 8.1

Na Figura 8.2, mostrarei como colocar a página ou o serviço para iniciar, isto é, quando clicar F5, a primeira página ou serviço será iniciado automaticamente.

CAPÍTULO 8 ❖ *Codificando o WebServices* **41**

Cliquei com o botão direito em cima da página desejada e escolhi a opção **SET AS START PAGE**.
Veja a Figura 8.2:

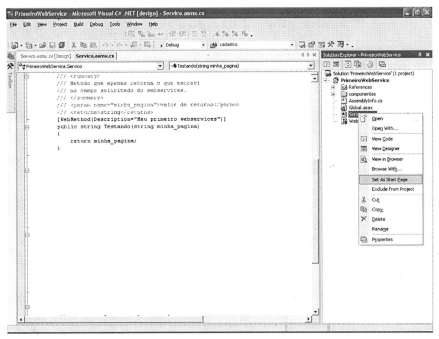

FIGURA 8

Cliquei F5 para iniciar o sistema, como foi explicado anteriormente. A página primeiramente aberta foi a que indiquei como na Figura 8.2.

Na Figura 8.3, percebe-se que é mostrado o método com o comentário colocado no código.

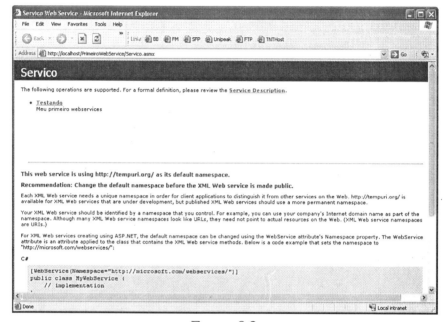

FIGURA 8.3

Ao iniciar o sistema, veja que a ferramente Visual Studio.NET já abre o browser, ou seja, deixa pronto para executar o código construído.

CAPÍTULO 8 ❖ *Codificando o WebServices* **43**

Cliquei no método *Testando,* e veja na Figura 8.4 o que aconteceu:

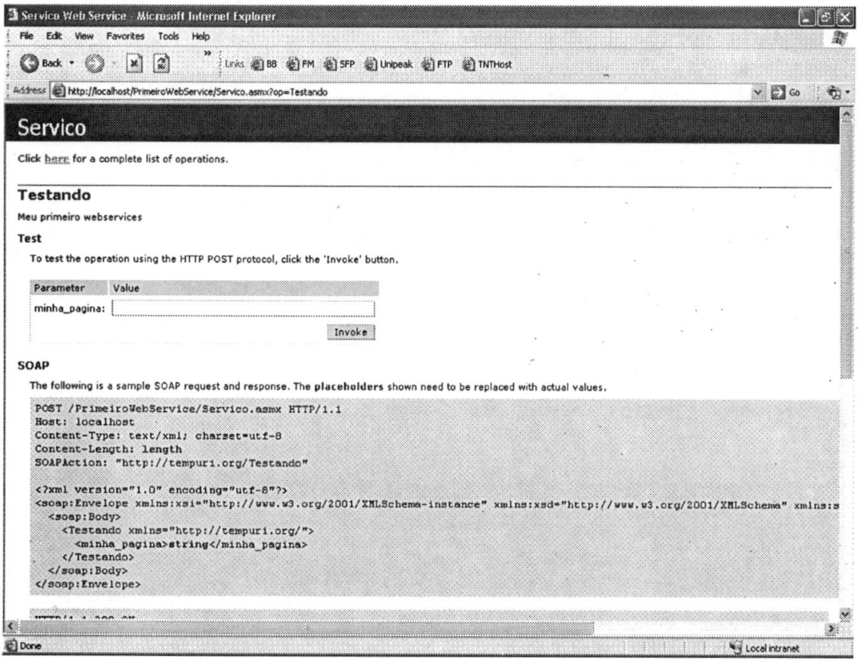

FIGURA 8.4

Não podem ser esquecidos os comentários que existem nessa página, onde encontra-se o método que crei.

Existe um comentário sobre o *SOAP*, mostrando as variáveis ou variável do método e o seu tipo, em forma de tag XML.

Mais abaixo, em *HTTP POST,* é mostrada a variável que será retornada, junto com o seu tipo, no meu caso *string*.

Coloque um valor no campo texto na tela e clique no botão **INVOKE**. O sistema abrirá uma outra tela e mostrará o resultado em XML. Veja na Figura 8.5 como fazer:

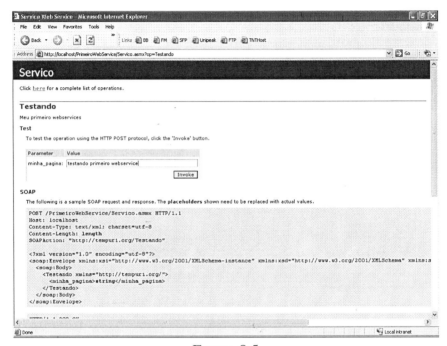

FIGURA 8.5

Veja, na Figura 8.6, como foi retornado o valor. Explicarei depois da amostra da mesma.

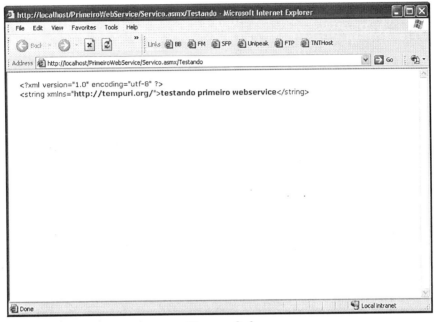

FIGURA 8.6

Não estranhe esse valor retornado, é normal e simples. Este veio como uma tag ou forma esquisita de retornar dados. Explico que é dessa forma que o seu *webservice* irá retornar os valores para qualquer outro programa que o chamar. É uma forma bastante leve e simples: o sistema retornou o arquivo *XML* com o resultado. Qualquer programa que o chamar, pegará o *XML* retornado e tratará os valores. Mais à frente irei mostrar como fazer um outro tipo de programa chamar o *webservice* criado, tratar o valor e mostrar na tela. No caso do Visual Studio.NET é muito mais fácil de fazê-lo. Explicarei mais à frente.

Portanto, continuando com o nosso exemplo, qualquer valor colocado no campo e clicando no botão **INVOKE**, será mostrado o valor como resposta dentro do XML criado pela aplicação.

Na Figura 8.6, preste atenção na extensão do WebSservice criado. É bastante importante: *.asmx*.

Acessando o WebService Através de Outro Programa

Criarei outro programa para acessar o mesmo feito no capítulo anterior. Não se preocupe, estarei fazendo apenas mais um sistema que estará acesando o serviço disponibilizado. Primeiramente, criarei um arquivo *.aspx* chamando o método criado no WebSservice anteriormente. Para não esquecer, o método criado chama-se **Testando**.

Você deve estar se perguntando, qual a idéia sobre o sistema acessando o WebSservice? Primeiro, criei um serviço da Web; portanto, posso deixá-lo disposição para qualquer programa utilizar o mesmo. O serviço da Web é para isso mesmo, disponibilizar serviços.

> ☺ **Para refletir:** *"Há pouco tempo, perguntaram a um senhor da informática, qual seria o futuro em relação a software e qual a forma de ganhar dinheiro com o software; como sábio que era respondeu:*
> *— Será a venda de serviços pela internet. Por exemplo, criará um serviço novo e irá colocar na internet, com isso você poderá disponibilzar o mesmo cobrando por acesso ou por usuário que o acessou, esse será o futuro (venda de serviços pela internet)."*

Portanto, um serviço criado na internet que pode ser muito usado por empresas ou pessoas, por exemplo a verificação de nomes de pessoas no SPC (CERASA), pode criar uma idéia e cobrar por acesso à pesquisa. O mais importante é que você poderá criar para ter acesso até pelo celular, funcionando sem problemas com a mais alta tecnologia e rapidez de acesso.

Voltando à página que irei criar, onde há o acesso a **WebService**, o nome da página será *acessando.aspx* e terá alguns componentes simples de tela. Veja a especificação na Figura 9.1:

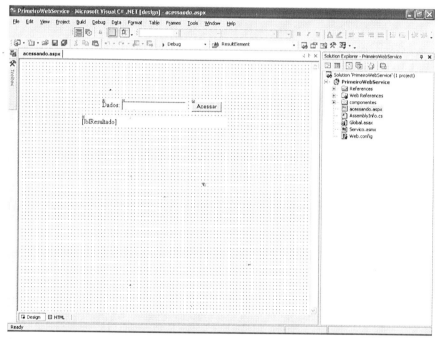

FIGURA 9.1

Especificação de objetos de tela, página **acessando.aspx**.

Label

Id = lblDados
Text = Dados:

Label

Id = lblResultado

TextBox

Id = txtDados

Button

Id = cmdAcessar
Text = Acessar

Depois da especificação dos objetos de tela, terei que instanciar o WebService criado anteriormente. Não esqueça, criei o serviço da internet e agora utilizarei esse mesmo serviço. Antes de tudo, preciso instanciá-lo.

Dentro da **Solution Explorer** do Visual Studio.NET existe um pasta chamada **References**. Cliquei com o botão direito do mouse nessa pasta, depois na opção **Add Web Reference**... Veja como fazer na Figura 9.2:

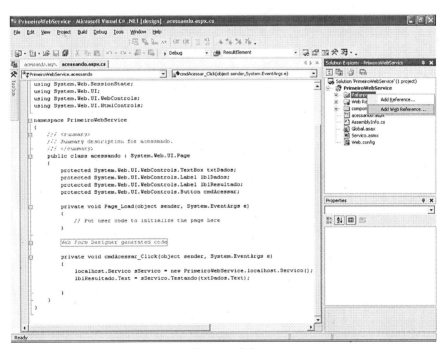

FIGURA 9.2

Clicando no botão indicado na Figura 9.2, aparecerá uma tela para eu colocar o endereço do **WebService** criado. O endereço que coloquei foi: ***http://localhost/primeirowebservice/servico.asmx***.

O serviço que mandei procurar pelo Visual Studio.NET mostrou apenas um link chamado **Testando,** e com o comentário abaixo do mesmo, escrito: **Meu primeiro webservices.** Preste atenção em uma coisa, o mesmo foi feito por mim, usando uma opção **description**.

Depois de indicar o local do serviço disponibilizado, cliquei, no botão do lado direito, e na parte abaixo, chamado **Add Reference**.

Veja na Figura 9.3 como fazer:

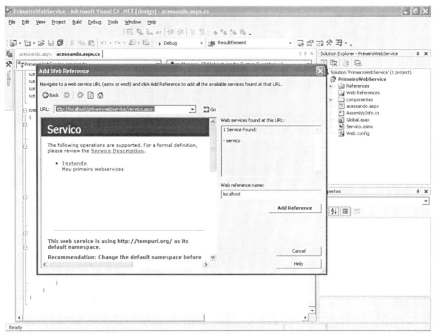

FIGURA 9.3

■ Instanciando e Codificando o WebService

Depois de clicar no botão indicado (Figura 9.3), foi digitado um nome de **localhost** dentro do seu **Solution Explorer** do Visual Studio.NET. Esse deve ser o nome que irei instanciar para chamar o método de dentro do seu programa que irá utilizar o serviço disponibilizado na Internet.

Voltando à página *acessando.aspx*, cliquei duas vezes no botão *cmdAcessar*, colocando o seguinte código:

```
/// <summary>
/// Metodo para acessar o webservice passando o
parâmetro
/// </summary>
/// <param name="sender"></param>
/// <param name="e"></param>
private void cmdAcessar_Click(object sender,
System.EventArgs e)
{
   ///instanciando o serviço da web que crie
localhost.Servico sServico = new
rimeiroWebService.localhost.Servico();

///chamando o método do webservice pela variável que
criei acima.
lblResultado.Text = sServico.Testando(txtDados.Text);

}
```

■ Explicando o Código

Depois de ter chamado o serviço da Web, coloquei o nome do mesmo, logo depois o nome da classe, seguido por uma variável qualquer que digitei. O **new** já me mostra a instância criada. Coloquei o nome da minha variável, clicando (ponto) ".". A ferramenta mostrará todos os métodos disponíveis para poder acessar. Estou passando o parâmetro do **TextBox** que criei de objetos da página. O mesmo método precisará retornar alguma **String**, por isso coloquei o retorno do mesmo em uma **Label** que criei, chamada **lblResultado.text**.

Para entender, veja a Figura 9.4:

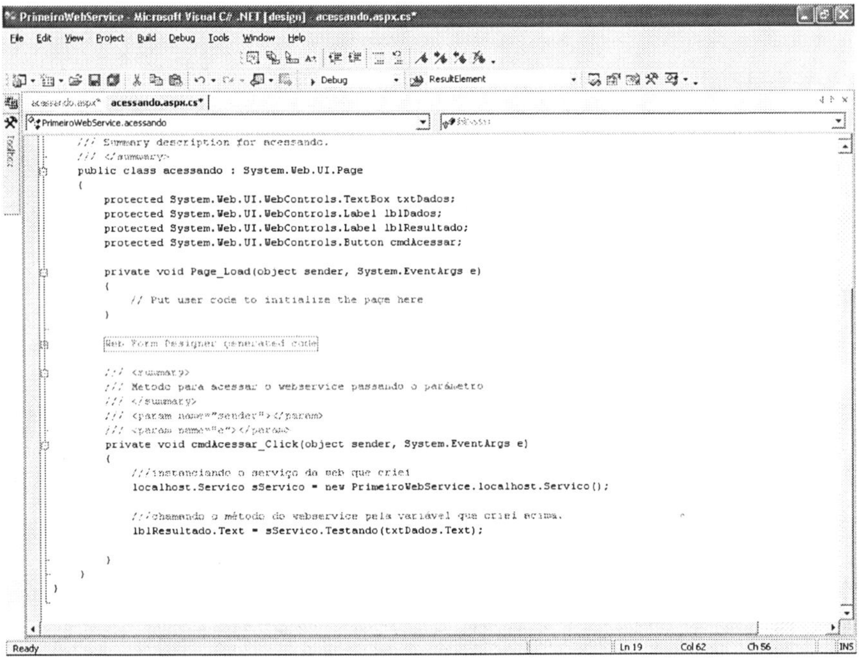

FIGURA 9.4

Pronto. Agora fiz o primeiro WebService, porém ainda não coloquei para funcionar, nem mesmo sei se funcionará direito.

Marquei para *depurar* na linha depois de clicar no botão. Para marcar uma linha, cliquei do lado esquerdo em direção à linha do código. Não devo esquecer que o mesmo ficará marcado de vermelho.

Veja a Figura 9.5. Cliquei F5 para iniciar o programa, não esquecendo de colocar a página *acessando.aspx* como *SET AS START PAGE*.

CAPÍTULO 9 ❖ *Acessando o WebService Através de Outro Programa* **53**

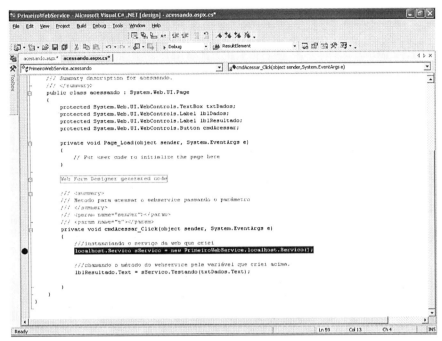

FIGURA 9.5

Depois de iniciar o programa, aparecerá a página com um campo e um botão, onde colocarei um texto, que e retornará o mesmo texto passando pelo WebService. Isso não é nada demais, porém é um grande avanço. Lembre-se do serviço criado para Web que foi feito apenas para retornar a *String* que foi passada.

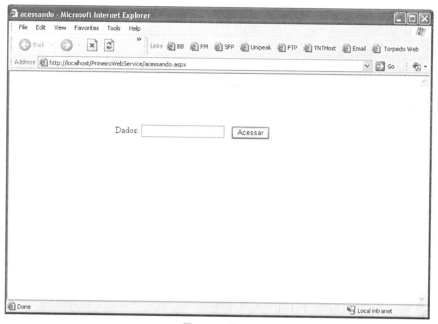

FIGURA 9.6

Coloquei duas palavras no campo apropriado e cliquei no botão *cmdAcessar*. O mesmo parou na linha de código que marquei para a depuração. Fui andando linha a linha para ver o que o código estava fazendo, passei pela instância, vi a **String** que estava sendo passada com o mouse em cima do *txtDados.text*. Poderei depurar linha por linha, até o próprio *webservices* (serviço da web).

Capítulo 9 ❖ Acessando o WebService Através de Outro Programa

Veja a Figura 9.7:

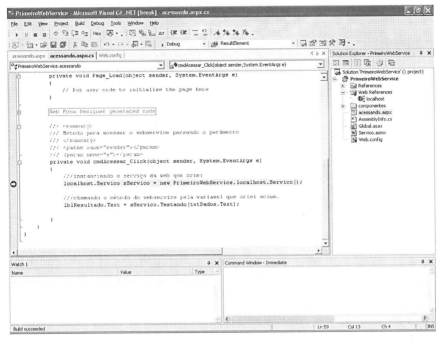

Figura 9.7

A Figura 9.8 mostra o resultado do código feito acima do serviço da Web.

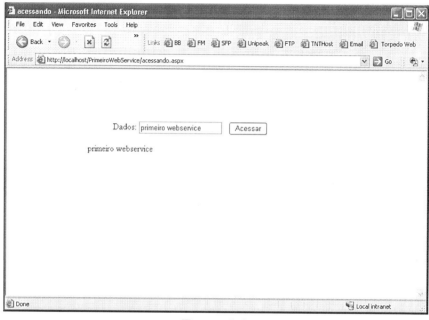

FIGURA 9.8

Usar WebService não é difícil utilizando Visual Studio.NET. Fiz acima o primeiro serviço da Web com poucas linhas e poucas configurações. Nos próximos capítulos aprofundarei mais serviços da Web, inserindo dados no banco de dados usando WebServices.

Criando Banco de Dados SQL SERVER

Pressupondo que já se encontra instalado o banco de dados SQL SERVER, entrei no *Enterprise Manager*, iniciei o servidor de banco de dados, cliquei na pasta *Databases* com o botão direito do mouse e fui na opção *New Database*.

Criei então um banco de dados chamado *BD_Mobile*.

Veja a Figura 10.1:

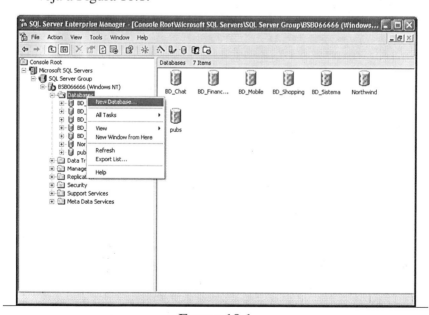

FIGURA 10.1

Veja a Figura 10.2 colocando o nome do banco de dados. Depois terei que criar uma tabela para que possa inserir os dados.

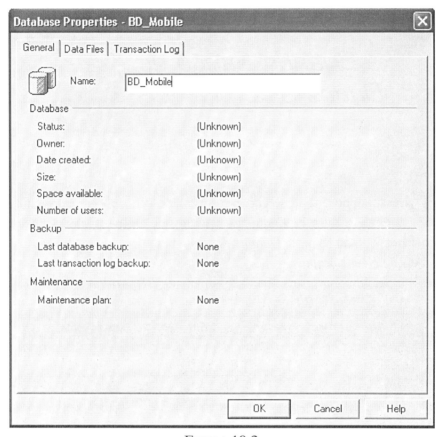

FIGURA 10.2

■ Criando Tabela do Banco de Dados

Depois de criado o banco de dados acima, criarei uma tabela para inserir os registros. Para criá-la, cliquei com o botão direito em cima do nome do banco de dados, passe para a opção *New*, depois escolhi a outra opção *Table*. Criarei uma tabela de banco de dados bem simples e rápida para depois fazer o código acessá-la, inserindo os dados. Mais à frente mostrarei como fazer uma STORE PROCEDURE dentro de um banco

CAPÍTULO 10 ❖ *Criando Banco de Dados SQL SERVER* **59**

de dados. Para que o mesmo fique com mais rapidez e melhor performace, usarei SP. Depois de escolhidas as opções, a tela da Figura 10.3 informa se estou tendo sucesso.

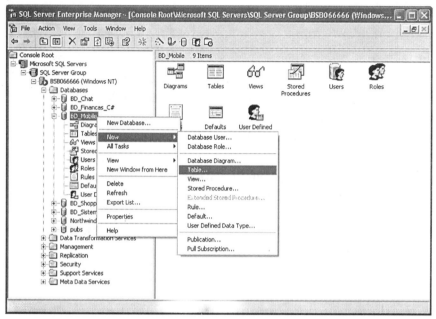

FIGURA 10.3

Não detalharei muito sobre banco de dados. Estou ensinando apenas as coisas básicas e simples. Para aprofundar em um banco de dados, seria necessário desenvolver um livro apenas para o assunto. Assim sendo, em um banco de dados existem tabelas e colunas onde os dados podem ser gravados, selecionados, excluídos com rapidez e agilidade. Essas informações são básicas e úteis para quando for utilizá-lo mais profundamente.

Informando agora os nomes dos campos e tipos de dados que poderão ser gravados em cada um deles.

■ Descrição e Especificação da Tabela

Column Name	Data Type	Length	Allow Nulls
IDPaciente	int	4	no
Nome	char	50	yes
Telefone	char	10	yes
Email	char	100	yes

No campo **IDPaciente** coloquei as opções *identity* igual a *YES*. Isso significa que esse campo será de auto-incremento e de 1 em 1; isto é, o campo será um número criado automaticamente de 1 em 1. No caso, ainda não precisei me preocupar com ele. Não posso esquecer de marcar esse mesmo campo citado como **PRIMARY KEY** (chave primária).

Veja na Figura 10.4 como ficará:

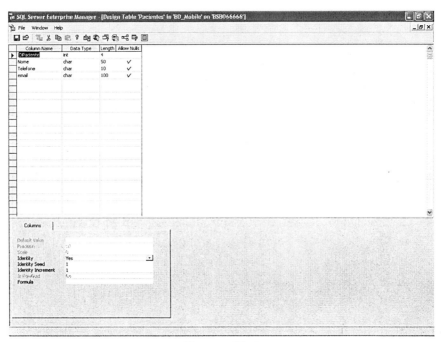

FIGURA 10.4

Criando Store Procedure para Inserir no Banco de Dados

Mostrando agora como fazer uma SP para inserir dados no banco. É uma STORE PROCEDURE que recebe os dados enviados e os insere no banco e na tabela de pacientes.

Continuando ainda no *Enterprise Manager,* cliquei com o botão direito do mouse na opção *Stored Procedure* e logo em seguida cliquei em outra opção *New Stored Procedure...* . Dessa forma, criarei uma nova desde o início.

Veja a Figura 10.5:

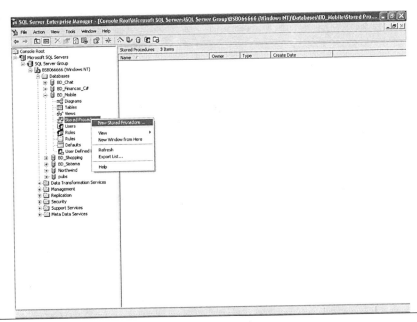

FIGURA 10.5

Depois dos passos acima, a ferramenta mostrou uma outra tela para inserir os dados. STORE PROCEDURE usa uma linguagem chamada PLSQL. Assim, insira o código abaixo:

```
CREATE PROCEDURE SP_INSERE_PACIENTES
    @NOME AS NVARCHAR(50),
    @TELEFONE AS NVARCHAR(10),
```

```
    @EMAIL AS NVARCHAR(100)
AS
    INSERT INTO PACIENTES (NOME, TELEFONE, EMAIL) VALUES
(@NOME, @TELEFONE, @EMAIL)

    GO
```

▪ Explicando o Código

Toda SP começa com a linha de **CREATE PROCEDURE** e, por isso, logo após coloquei o nome da mesma como **SP_INSERE_ PACIENTES**. Todos as variáveis que possuem o @ antes do nome são parâmetros que serão passados ou setados. Por exemplo, **@NOME** quer dizer que a SP receberá um parâmetro, cujo primeiro atributo indicará que será o nome. Veja que à frente de cada atributo que possui o tipo do valor que o mesmo irá receber. No caso da variável NOME é **NVARCHAR(50)**; esse (50) quer dizer que o tamanho do mesmo será de, no máximo, 50 caracteres.

Todos as variáveis que estão no começo da SP e que ficaram antes do **AS** são as que deverão ser passadas. Mais adiante utilizo a linguagem PSQL para inserir no banco de dados **INSERT INTO PACIENTES.** Isso quer dizer que irá inserir os valores na tabela chamada PACIENTES. Dentro do PLSQL primeiro coloco as colunas e, depois do **VALUES,** as variáveis primeiramente declaradas.

CAPÍTULO 10 ❖ *Criando Banco de Dados SQL SERVER*   **63**

Veja na Figura 10.6 como ficou:

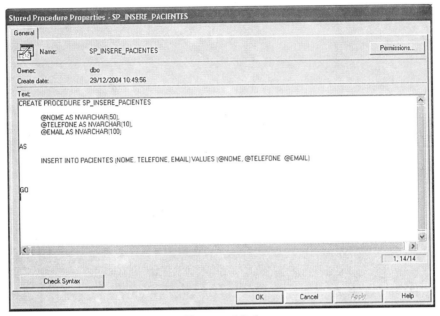

FIGURA 10.6

Acesso a Banco de Dados

■ Criando Classe para Acessar Banco de Dados

Depois do banco de dados e da Store Procedure criados, mostrarei como criar uma classe para acessar os mesmos com rapidez e flexibilidade. Nesta classe, mostrarei como abrir o banco de dados onde o mesmo pode ser usado para inserir, excluir ou selecionar quaisquer dados de dentro do banco. É simples e fácil desenvolvê-la.

Vamos para a prática agora. Primeiramente, criarei uma pasta chamada *componentes*, depois uma classe chamada *clsBanco.cs*.

A Figura 11.1 mostra como fazer:

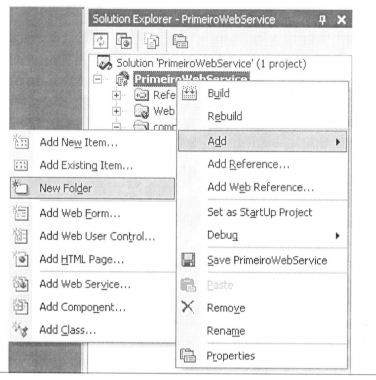

FIGURA 11.1

Na Figura 11.2, estou criando apenas a pasta. Depois de criar a pasta, devo criar uma classe dentro da mesma.

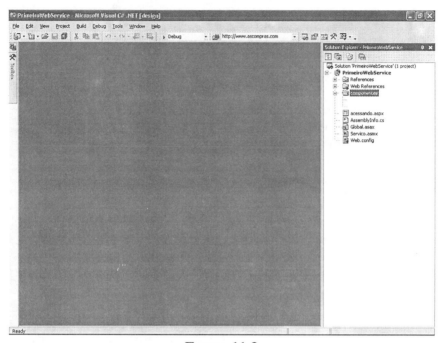

FIGURA 11.2

Clicando com o botão direito do mouse em cima da pasta *componentes*, até a opção *ADD*, logo após escolho a opção *ADD New Item...* Com isso, aparecerá uma outra tela onde irei escolher a opção de arquivo que gostaria de criar. Nela coloco o nome e clico OPEN. A Figura 11.3 ilustrará um pouco do que descrevi:

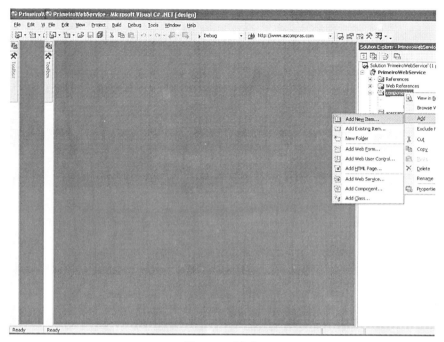

FIGURA 11.3

A opção que escolherei é a *CLASS*. No caso, essa classe que criarei é apenas um componente onde irei instanciar de qualquer outro tipo de componente, podendo assim acessar os métodos do mesmo instanciado. Coloquei o nome da classe de *clsBanco.cs* e cliquei *OPEN*.

A Figura 11.4 mostra como escolher a opção de classe indicada acima, colocando o nome.

CAPÍTULO 11 ❖ *Acesso a Banco de Dados*　　　　　　　　**69**

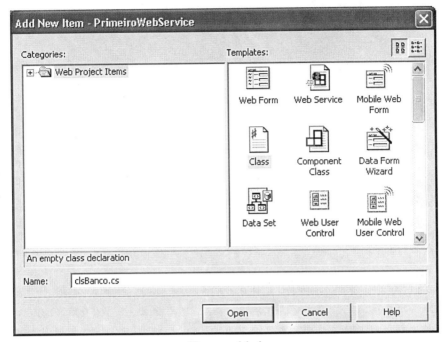

FIGURA 11.4

▪ Codificando Classe de Acesso a Banco de Dados

Seguindo todos os passos descritos anteriormente, agora com a classe de acesso a banco de dados, terei que importar um pacote serão disponibilizados os métodos para acesso ao banco. Essa classe se chama SqlCliente.

Veja o código abaixo:

```
using System.Data.SqlClient; //importando classe para
ser usada
```

Terei que criar uma string para conexão do banco de dados, onde tenho que indicar senha, usuário, servidor e banco de dados. No meu caso também utilizarei um *POOL* máximo e mínimo de conexões.

Veja a linha de código:

```
// variável criada para conexao com o banco de dados
public SqlConnection sConexao = new
SqlConnection("Initial Catalog=BD_Mobile; user id=sa
;password=; Data Source=bsb066666; Max Pool Size=80;
Min Pool Size=5");
```

■ Explicando Código

Primeiro, estou criando a variável sConexao como pública pelo fato de que outras classe terão que acessar essa variável. Veja que o tipo dela é SqlConnection, ou seja, o com isso ela é do tipo de conexão do método importado acima, chamado **SqlClient**. O **catalog** está recebendo um parâmetro chamado **BD_Mobile**, esse nome significa o mesmo nome do banco de dados que gostaria de conectar. Logo depois estou colocando um **user id** que recebe outro parâmetro chamado **as**. Esse valor passado é o usuário do meu banco de dados. Não esqueça de que talvez o usuário do seu banco de dados seja diferente do meu. Por isso deve-se colocar o usuário que irá conectar ao seu banco.

Depois, coloco a senha do usuário que fará conexão com o banco. O meu banco de dados não possui senha, por isso está vazio. Seguindo, o próximo atributo que colocarei é **Data Source**, indicando que tenho que colocar o nome do servidor onde está o meu banco de dados. No meu caso, uso o nome do meu computador. Se o seu banco de dados estiver na internet, você pode colocar IP ou ENDEREÇO do site onde este se encontra.

O próximo atributo de **MAX POOL** indica que o máximo de POOL de conexão de banco é de 80 conexões. O atributo **MIN POOL** indica o mínimo de POOL de conexões que, no caso, coloquei 5. POOL de conexões significa que o servidor de banco de dados irá usar o mesmo objeto de conexão criado anteriormente. Com isso, diminui ou poupa memória do mesmo, possibilitando ao sistema ficar mais rápido e ágil.

CAPÍTULO 11 ❖ Acesso a Banco de Dados   **71**

Veja na Figura 11.5 como ficará até o momento a classe de acesso a banco:

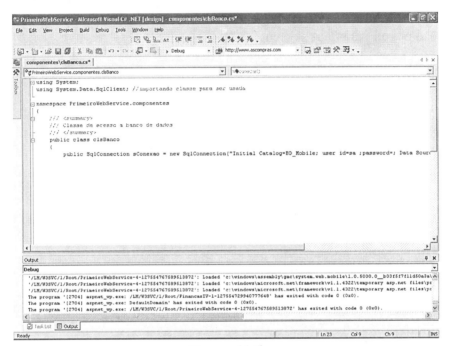

FIGURA 11.5

■ Criando Métodos para Conexão no Banco de Dados

Primeiramente, estou criando um método dentro da classe criada acima, chamado *conectar()*. A asssinatura do método criado é *public void conectar()*.

■ Explicando a Assinatura do Método

Public significa que o método é público e pode ser acessado por qualquer outro método, de qualquer outra classe. Lógico que depois de instanciar a classe de acesso a dados, o mesmo poderá enxergar os métodos públicos.

Void significa que o método retornará "nada" depois de executar toda a informação de instância. Posso colocar para retornar um tipo boolean com isso; depois de conectar poderia colocar true/false, dependendo da necessidade de cada usuário ou aplicação.

Conectar() é apenas um nome de método que escolhi. Porém, veja que o mesmo só abre e fecha os parênteses. Isso significa que o mesmo não possui parâmetros de entrada.

Mostrarei agora o método que conecta no banco de dados. Veja abaixo:

```
/// <summary>
/// metodo que conecta no banco de dados
/// abre o banco
/// </summary>
public void conectar()
{
   if (sConexao.State==0)
   {
      sConexao.Open();
   }
   else
   {
      sConexao.Close();
   }
}
```

■ Explicando o Código

Essa classe de conexão ao banco de dados é simples e fácil de entender. Primeiramente, pergunto para a variável de conexão que criei acima, chamada **sConexao**, se o **estado** dela é igual a zero (0). Se for significa que o banco de dados está fechado. Se o mesmo estiver fechado, falo para o código abrir o banco com a linha seguinte: **sConexao.Open();**, pego a minha variável criada, clicando apenas o ponto (.). Assim, serão mostradas todas as funções para trabalhar com o banco de dados / string de conexão criados.

Veja que existe um **else** significa que se o estado dela não for fechada, estará aberta. Portanto, coloco a linha **sConexao.Close(),** que fechará o meu banco de dados. Como disse anteriormente, é fácil entender essa classe, e é essencial para trabalhar com banco de dados. Hoje em dia é difícil fazer uma aplicação que não use o banco de dados.

▪ Criando o Método para Fechar o Banco de Dados

Agora irei mostrar um outro método para fechar o banco de dados, com a sua aplicação. Nesse método é apenas para essa funcionalidade mesmo, citada anteriormente. Mostrarei o código da mesma abaixo:

```
/// <summary>
/// metodo que desconecta do banco de dados
/// fecha o banco de dados
/// </summary>
public void desconectar()
{
   if (sConexao.State!=0)
   {
      sConexao.Close();
   }
}
```

▪ Explicando Código

A classe de fechar o banco de dados chama-se **desconectar()**, portanto, a assinatura é a mesma do método de conectar(). É um método público e que não retornará valor algum. Pergunto se o estado da conexão é diferente de zero (0). Se for, fecho a conexão com seguinte linha **sConexao.Close()**, bem simples mesmo.

Veja a classe toda:

```
using System;
using System.Data.SqlClient; //importando classe para
ser usada

namespace PrimeiroWebService.componentes
{
   /// <summary>
```

```csharp
/// Classe de acesso a banco de dados
/// </summary>
public class clsBanco
{
    public SqlConnection sConexao = new SqlConnection("Initial Catalog=BD_Mobile; user id=sa ;password=; Data Source=bsb066666; Max Pool Size=80; Min Pool Size=5");

    /// <summary>
    /// metodo que conecta no banco de dados
    /// abre o banco
    /// </summary>
    public void conectar()
    {
       if (sConexao.State==0)
       {
          sConexao.Open();
       }
       else
       {
          sConexao.Close();
       }
    }

    /// <summary>
    /// metodo que desconecta do banco de dados
    /// fecha o banco de dados
    /// </summary>
    public void desconectar()
    {
       if (sConexao.State!=0)
       {
          sConexao.Close();
       }
    }
}
```

}

Inserindo Dados no Banco

Agora farei uma classe com um método para inserir no banco os dados passados. Esse método usará a STORE PROCEDURE criada anteriormente para inserir os dados no banco.

Da mesma forma que criei uma classe para conexão dentro da pasta componentes, criei uma outra classe chamada *clsInsere.cs*. O nome do método criado será *insereDados*.

Na própria classe, instanciarei a outra classe de conexão, abrindo a conexão com o banco de dados, gerando a string de inserir os dados no banco e executando a mesma. Veja o código abaixo:

```
public Boolean insereDados(string nome, string
telefone, string email)
{
///Instanciando a classe de banco de dados
///usarei os objetos da classe que tem a string de
conexao
   PrimeiroWebService.componentes.clsBanco sBanco = new
clsBanco();
   try
   {
      ///abrindo o banco de dados
      sBanco.conectar();
      string sql = "SP_INSERE_PACIENTES '" + nome + "',
```

```
    '" + telefone + "', '" + email + "'";
    SqlCommand sqlc = new
SqlCommand(sql,sBanco.sConexao);
       sqlc.ExecuteNonQuery();

       return true;
    }
    catch(SqlException e)
    {
       //jogando o erro para cima
       throw new SystemException("erro na classe
insere dados (insereDados): "+ e.StackTrace);
    }
    finally
    {
       //desconectando o banco de dados
       sBanco.desconectar();
    }
}
```

■ Explicando a Assinatura do Método

```
public Boolean insereDados(string nome, string
telefone, string email)
```

Veja que criei um método público e que retornará um tipo Boolean, ou seja, true ou false. O nome do método é insereDados. Não posso esquecer de comentar os parâmetros que estão sendo passados. No caso de nome, telefone e e-mail, significa que quando eu for chamar esse método tenho que passar esses valores. Se eu não passá-lo o código dará erro.

■ Explicando o Código

Veja a linha de código a seguir:

```
PrimeiroWebService.componentes.clsBanco sBanco = new
clsBanco();
```

CAPÍTULO 12 ❖ *Inserindo Dados no Banco* **77**

Logo na primeira linha de código dentro da classe, instancio a classe criada que conecta no banco de dados. Veja que criei uma variável chamada **sBanco**, que significa que a usarei mais abaixo no código.

```
try
{
    ///abrindo o banco de dados
    sBanco.conectar();
```

Seguindo o código, veja que o coloquei dentro de um **try**, significando que tudo o que ocorrer dentro da classe será protegido; ou seja, se ocorrer algum tipo de erro, o mesmo irá para a parte de **catch**. Mais à frente explicarei melhor. Em seguida usarei a variável criada acima, chamada **sBanco**. Depois de colocá-la e clicar no ponto (.), aparecerão todos os métodos públicos acessíveis para serem usados. Estou chamando o método para conectar no banco. Veja que em todo método não há parâmetro de entrada, coloco apenas um parêntese abrindo e fechando.

```
string sql = "SP_INSERE_PACIENTES '" + nome + "', '" +
telefone + "', '" + email + "'";
    SqlCommand sqlc = new
SqlCommand(sql,sBanco.sConexao);
sqlc.ExecuteNonQuery();
```

Continuando com o código dentro da classe, veja o mesmo acima. Criei uma **string** chamada **sql**, para usá-la na mesma hora. Coloquei o nome da SP que fiz antes, acrescentando os parâmetros **nome, telefone** e **email**. Esses mesmos parâmetros tenho que receber na STORE PROCEDURE, e criei apenas uma variável para ser executada mais à frente. Não posso esquecer que, para parâmetros que podem ser qualquer tipo de dado, coloco aspas simples ('), depois duplas ("), no caso de variável apenas como números, coloco apenas aspas simples (').

Mais abaixo no código, instancio um objeto **SqlCommand** que irá passar a minha string **sql** junto com a variável de conexão do banco. Logo depois, uso a variável criada do **SqlCommand**, chamada **sqlc**, chamando um método do objeto para executar a minha string, denominado **ExecuteNonQuery**(). Resumindo, peguei a minha instrução SQL criada e executei no inserindo os dados no banco de dados.

```
return true;
}
```

O código acima, é a última linha do código dentro da chave TRY, isso significa que se tudo ocorrer bem durante todo o código, o método retornará **true**, alcançando o seu objetivo.

```
catch(SqlException e)
{
   //jogando o erro para cima
   throw new SystemException("erro na classe insere
dados (insereDados): "+ e.StackTrace);
}
```

Para entrar no laço **catch**, é necessário que ocorra algum tipo de erro dentro do laço **try**, quando ocorrer esse tipo de erro o código passará automaticamente para dentro do **catch**, com isso o mesmo tratará o erro. O código **throw new SystemException** trata o erro e lança para o método acima, isto é, o erro será lançado para o método que chamou. Estou colocando uma mensagem mostrando o nome do classe e depois coloco qual o foi o tipo de erro com o código **e.StackTrace**.

```
finally
{
   //desconectando o banco de dados
   sBanco.desconectar();
}
```

Esse laço **finally** significa que mesmo que o código der certo ou ocorrer algum erro, passará pelo finally. Observe que, dentro desse laço, eu sempre coloco para desconectar o banco de dados. Estou usando a variável que criei e chamando o método **desconectar**(), que também criei dentro da classe **clsBanco.cs**.

CAPÍTULO 12 ❖ *Inserindo Dados no Banco* **79**

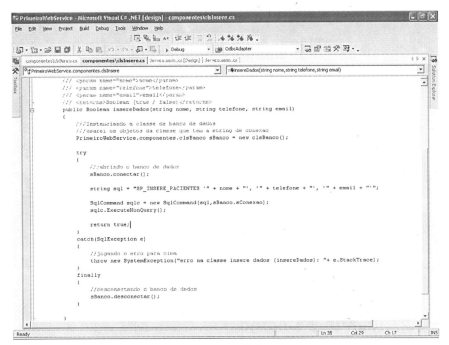

FIGURA 12.1

■ Criando WebService para Inserir Dados no Banco

Depois de criada a classe para inserir no banco, a STORE PROCEDURE – classe de conexão do banco, criarei agora vou criar o WebService onde serão chamadas essas classes que criamos, passando os parâmetro necessários. Lembre-se de que vou precisar apenas dos parâmetros *nome, telefone* e *email*.

O código do WebService será simples e curto e terá linhas de códigos, porque quem realmente faz a inserção dos dados no banco, e tudo mais, são as outras classes: a classe *clsBanco.cs*, que conecta no banco, e a classe *clsInsere.cs*, que irá inserir os dados no banco.

O retorno desse WebService será *true* ou *false*. Farei o código do WebService dentro da classe *Servico.asmx.cs*. Com isso, esta classe terá dois serviços de WebServices para serem usados.

Veja o código abaixo:

```
[WebMethod(Description="WebServices que insere no
banco de dados, é necessário colocar os campos: Nome,
Telefone e Email")]
public Boolean insereDados(string nome, string
telefone, string email)
  {
  ///instanciando a classe criado anteriormente
  PrimeiroWebService.componentes.clsInsere sInserer =
new PrimeiroWebService.componentes.clsInsere();

  ///chamando o metodo da classe acima
  return sInserer.insereDados(nome, telefone, email);
  }
```

▪ Explicando o Código

Primeiramente, coloco uma descrição do WebSservice, dizendo o que o mesmo faz. O método é público e retorna dados **true** ou **false**. O nome do mesmo é **insereDados**, não esquecendo de que estou passando três parâmetros do tipo **string**. São eles: **nome, telefone** e **email.**

Logo após criar a assinatura do método, instancio a classe que insere dados chamada **clsInsere()**. Lembre-se de que fiz a classe no mesmo diretório do que a classe de banco de dados, criei uma variável na instância, chamada **sInsere**, e, com isso, depois que coloco o nome da mesma, clico em ponto (.). aparecerão todos os métodos públicos disponíveis passando as variáveis criadas mais atrás. O método da classe que estou usando é **insereDados**.

A Figura 12.2 mostra como está o método.

Executarei o programa da classe **Servico.asmx**. Primeiro, coloquei a figura como *Set As Start Page* clicando com o botão direito em cima da classe. Veja na Figura 12.3 como fazer:

CAPÍTULO 12 ❖ *Inserindo Dados no Banco*　　　　**81**

![Figura 12.2 screenshot]

```
    /// <summary>
    /// Metodo responsavel para inserir no banco de dados os campos
    /// solicitados pelo webservices
    /// </summary>
    /// <param name="nome">nome do usuario</param>
    /// <param name="telefone">telefone do usuario</param>
    /// <param name="email">e-mail do usuario</param>
    /// <returns>Boolean</returns>
    [WebMethod(Description="WebServices que insere no banco de dados, é necessário colocar os campos: Nome, Tele
    public Boolean InsereDados(string nome, string telefone, string email)
    {
        //instanciando a classe criado anteriormente
        PrimeiroWebService.componentes.clsInsere sInserer = new PrimeiroWebService.componentes.clsInsere();

        //chamando o metodo da classe acima
        return sInserer.insereDados(nome, telefone, email);
    }

    /// <summary>
    /// Metodo simples e responsável para retornar um olá com o
```

FIGURA 12.2

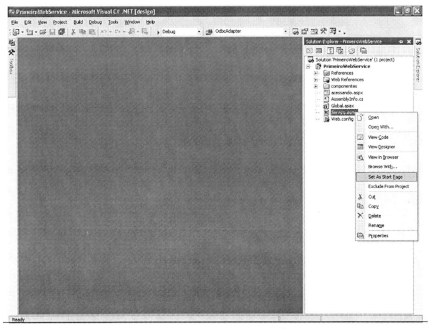

FIGURA 12.3

■ Mostrando o WebService Criado

Clicando no link chamado *insereDados*, o mesmo mostrará os campos para inserir os dados e, agora, clico no botão *invoke*.

A Figura 12.4 mostrando o programa sendo executado:

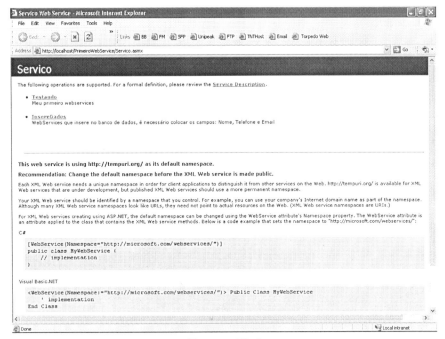

FIGURA 12.4

Preencha os dados e clique no botão.

CAPÍTULO 12 ❖ *Inserindo Dados no Banco* **83**

Veja a Figura 12.5:

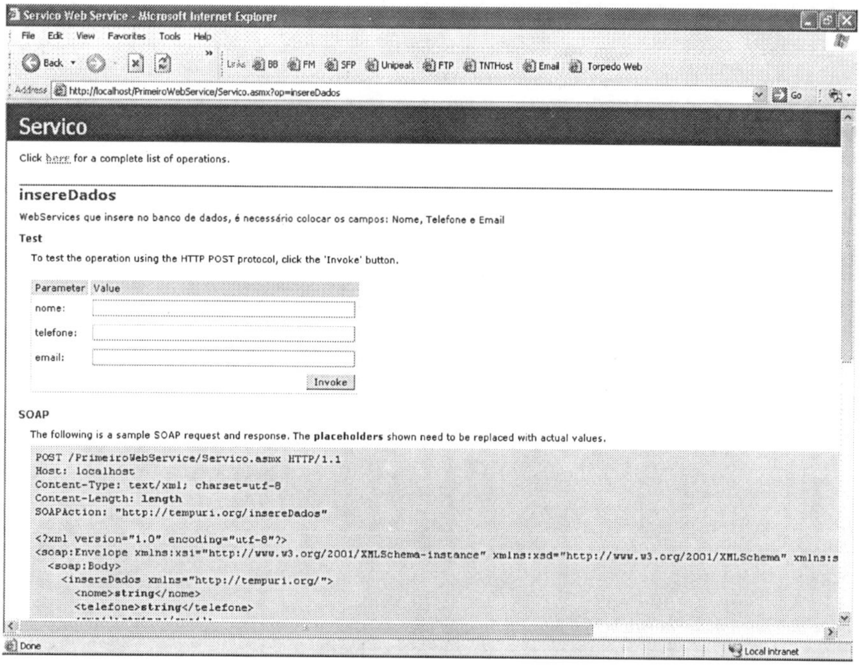

FIGURA 12.5

Preenchi os dados nos campos apropriados.

No campo *nome* coloquei o valor *teste qualquer*, no campo *telefone* coloquei o valor *090909090*, e no último campo *email*, coloquei o valor de *a@b.com.br*.

Observe a Figura 12.6 para ver os dados que inseri nos campos:

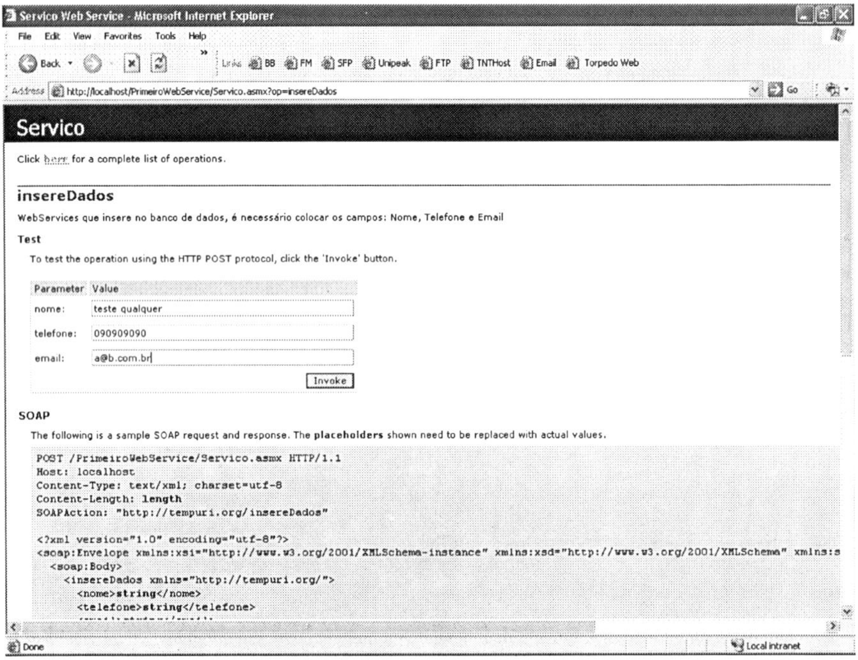

FIGURA 12.6

Quase esqueci de iniciar o servidor de banco de dados SQL SERVER. Agora, inicio o servidor e continuo os procedimentos. Abrirei a ferramenta SQL Server Enterprise Manager e verei se existe algum dado inserido na tabela *Pacientes*.

Veja a Figura 12.7:

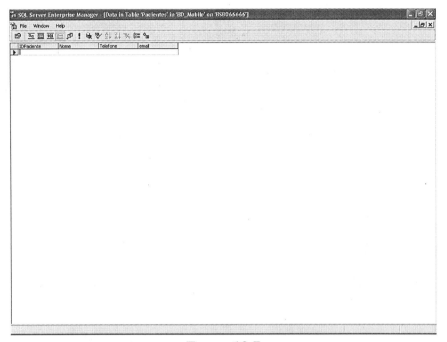

FIGURA 12.7

Agora, clicarei no botão de *invoke* para inserir os dados que digitei no banco de dados. Depois de clicado, veja que o WebService retornou um XML com um resultado *true* dentro da tag.

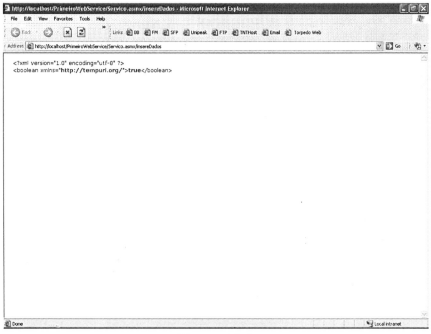

Figura 12.8

Na Figura 12.8, mostro os dados que foram inseridos no banco. Todos os dados que foram passados estão incluídos no banco de dados SQL Server. O WebService instancia o método da classe *clsInserir.cs*, que abre a conexão com o banco de dados instanciado no método da classe *clsBanco.cs*, e, por sua vez, abre o banco, volta para a classe que a chamou e insere os dados no banco de dados.

CAPÍTULO 12 ❖ *Inserindo Dados no Banco* 87

A Figura 12.9 mostra os dados no banco:

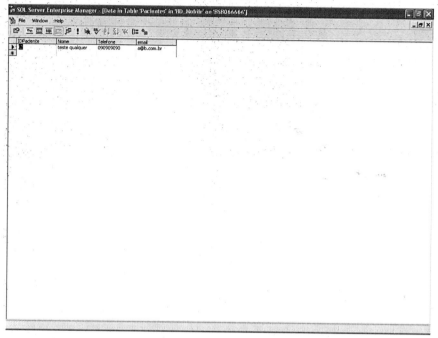

FIGURA 12.9

Resumindo, fiz agora um WebService que insere dados no banco, criei a classe de conexão com o banco, fiz uma classe que utiliza a instrução SQL, e criei a Store Procedure que insere realmente os dados passados dentro da tabela **Pacientes**. O serviço da Web mostrará o resultado via XML, dentro de uma TAG XML. Nesse caso, retornará *true* ou *false*.

Criando WebService que Retorna String

Farei um serviço para Web simples e prático. No último serviço, este retorna um tipo *Boolean*, ou seja, *true* ou *false*. Agora criarei um WebService que retornará um tipo string, ou seja, *nome* e *data*.

O nome do método será *retornaOla*, com um parâmetro de entrada do tipo *string* chamado *nome*. Este ficará da seguinte forma: *retornaOla(string nome)*.

Veja o código do método abaixo:

```
/// <summary>
/// Metodo simples e responsável para retornar um olá com o
/// nome colocado pelo usuário com a data atual
/// </summary>
/// <param name="nome">nome do usuario</param>
/// <returns>string</returns>
[WebMethod(Description="WebServices simple e
responsável para retornar um olá com o nome colocado
pelo usuário junto com a data atual.")]
public string retornaOla(string nome)
{
    return "Olá " + nome + " hoje é: " +
DateTime.Today.Date.ToString("dd/MM/yyyy");
}
```

■ Explicando o Código

O *Description* do WebService explica o que o método irá fazer. Veja que o método retornará apenas um *Olá,* mais o nome que o usuário digitará, mais a data atual. Veja abaixo:

```
[WebMethod(Description="WebServices simple e
responsável para retornar um olá com o nome colocado
pelo usuário junto com a data atual.")]
```

A **assinatura** do método mostra que o mesmo é **público**, o tipo de retorno é uma **string** e existe um parâmetro de entrada do tipo **string**, cujo nome da variável que criei foi **nome**.

Depois de mostrar a assinatura do método, veja que o mesmo já passa para a linha de retorno.

Veja o código a seguir:

```
return "Olá " + nome + " hoje é: " +
DateTime.Today.Date.ToString("dd/MM/yyyy");
```

O **return** pega tudo o que está na frente e retorna para o método. Este cria um XML colocando o valor que estou passando. Concatenei o **"Olá"** com o **nome** que está sendo passado pelo método, mais a data atual do formato dia, mais barra, mais mês, e mais ano.

Capítulo 13 ❖ Criando WebService que Retorna String

Veja na Figura 13.1 como ficará o código:

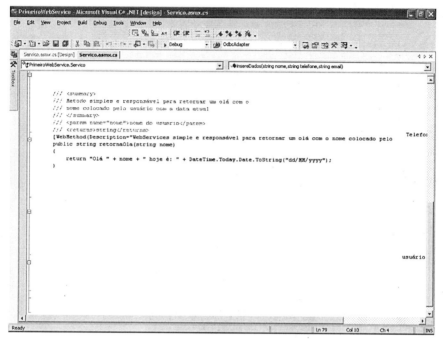

Figura 13.1

Mostrarei agora o funcionamento do serviço da Web.

Cliquei F5 na ferramenta Visual Studio.NET e iniciei o Internet Explorer.

O WebService retornará um XML de resposta (Figura 13.2).

Veja que agora o serviço da Web terá três links, um chamado *insereDados*, outro *Testando* e, por último, *retornaOla*. Todos esses métodos retornarão um XML de resposta. Não esqueça de que cada serviço da Web possui um comentário abaixo.

Agora, clico no link *retornaOla*.

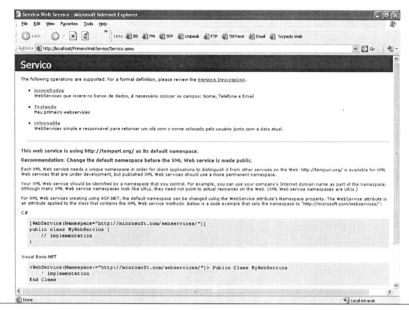

FIGURA 13.2

Na Figura 13.3, aparece um campo *nome* para ser preenchido. Colocarei um nome e clicarei no botão *invoke*.

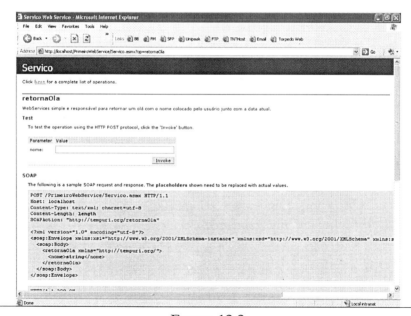

FIGURA 13.3

Coloquei o nome de *Luiz Carlos* e cliquei no botão *invoke*. A Figura 13.4 mostra o resultado.

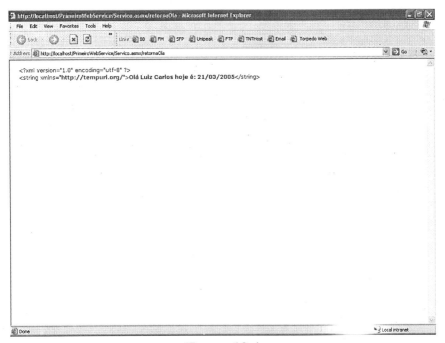

FIGURA 13.4

Consumindo WebServices

Até agora criei e testei apenas serviços da Web, e junto fiz apenas um programa para consumir WebSservice. Agora mostrarei como usar esses WebSservices via outro sistema. Farei um outro sistema para acessar e ler os resultados, mostrando na tela o retorno do XML. Não é difícil. Consumirei apenas um serviço da Web em apenas três ou quatro linhas, no máximo.

Para utilizar o WebService chamado *insereDados*, criarei uma página *ASPX,* instanciando o objeto *ASMX* e passando os parâmetros necessários. Todas as classes se encarregarão de fazer todo o trâmite de dados, inserindo-os no banco de dados.

Não esqueça de que os dados são passados de classe a classe até chegar ao banco, normalmente, junto à STORE PROCEDURE e terminando em dentro de uma tabela de banco de dados.

Essa nova tecnologia que está ainda alcançando o mercado não se difundiu totalmente. Portanto, temos muitas possibilidades de criar serviços e começar a comercializar.

Criarei uma nova classe *ASPX* chamada *insereDados.aspx* dentro do mesmo projeto do Visual Studio.NET.

Seguem os atributos abaixo da página:

TextBox's

ID = txtNome
ID = txtTelefone
ID = txtEmail

Label's

ID = Label1
Text = Nome:
ID = Label2
Text = Telefone:
ID = Label3
Text = E-mail:
ID = lblResultado
Text = ""

Button

ID = cmdEnviar
Text = Enviar

CAPÍTULO 13 ❖ *Criando WebService que Retorna String*   **95**

Observe a Figura 13.5 para melhor entendimento de todos os componentes criados anteriormente.

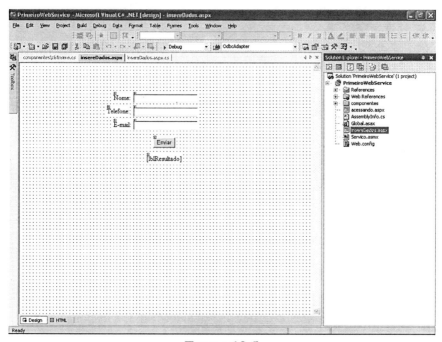

FIGURA 13.5

Depois de criada a página *insereDados.aspx*, terei que criar um serviço de WebService dentro do projeto do Visual Studio.NET.

Cliquei com o botão direito em cima da pasta **Web References** e depois na opção *Add Web Reference...*

Veja a Figura 13.6:

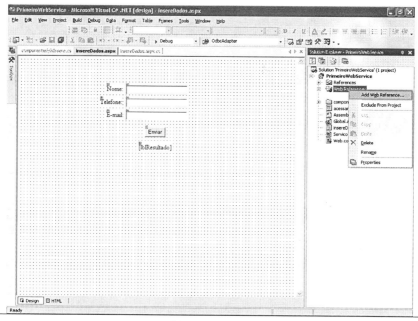

FIGURA 13.6

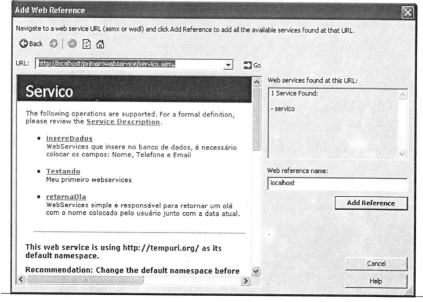

FIGURA 13.7

A Figura 13.7 mostra qual o endereço que coloquei para achar os serviços criados nos capítulos anteriores. O endereço digitado foi o seguinte: *http://localhost/primeirowebservice/servico.asmx*.

Depois de digitado o endereço, cliquei no botão para adicionar.

Voltando à página criada (*insereDados.aspx*), cliquei duas vezes no botão **cmdEnviar** e inseri o código abaixo:

```
private void cmdEnviar_Click(object sender,
System.EventArgs e)
    {
PrimeiroWebService.localhost.Servico sServico = new
PrimeiroWebService.localhost.Servico();
Boolean bRetorno = sServico.insereDados(txtNome.Text,
txtTelefone.Text, txtEmail.Text);

if (bRetorno)
    {
    lblResultado.Text = "Dados inserido com sucesso !!";
    }
else
    {
    lblResultado.Text = "Erro ao inserir dados !!";
    }
}
```

▪ Explicando o Código

Primeiramente, esse código será executado quando clicar no botão **Enviar**. Logo após você verá que estou instanciando o serviço que criei. Coloquei o nome variável de **sServico**, e utilizarei a mesma logo a seguir.

```
PrimeiroWebService.localhost.Servico sServico = new
PrimeiroWebService.localhost.Servico();
```

No código acima, estou chamando o meu método para poder usá-lo sem problemas depois. Coloquei o nome do projeto (ponto), o nome do serviço que está no meu projeto, que foi (localhost), e, por último, coloquei o nome da classe, que se chama **Servico**. A minha variável **sServico** pode ser colocada com qualquer outro nome, mas poderá ser utilizada com o mesmo nome mais abaixo.

```
Boolean bRetorno = sServico.insereDados(txtNome.Text,
txtTelefone.Text, txtEmail.Text);
```

Depois de instanciar o método acima, uso a variável que criei. Veja que depois de passada a variável, cliquei (ponto) e este mostrou todos os métodos públicos para que eu possa usar. Não esqueça de que estamos fazendo um programa para utilizar os serviço da Web que vai inserir dados no banco de dados, passando os objetos de tela.

Analisando código por código, primeiramente coloquei uma variável do tipo **Boolean** chamada **bRetorno.** Esta recebe a outra variável **sServico**, mais o nome do método dentro do WebService, chamado **insereDados.** O mesmo recebe parâmetros — na realidade são três parâmetros: o primeiro nome; o segundo telefone; e, por último, e-mail. Lembre-se de que nas páginas anteriores coloquei os objetos de tela tipo **textbox**, os mesmos que passarei para o método do WebService.

Esse **bRetorno** deve-se ao método **insereDados** retornar um valor do tipo **Boolean**, ou seja, **true** ou **false**. **True** se os dados forem inseridos no banco de dados, ou **false** se os mesmos derem erro na hora de inserir os valores no banco de dados.

```
if (bRetorno)
   {
   lblResultado.Text = "Dados inserido com sucesso !!";
   }
else
   {
   lblResultado.Text = "Erro ao inserir dados !!";
   }
}
```

No código acima, estou apenas pegando a variável **bRetorno** que criei e informando: Se o **bRetorno** for igual a **true**, este mostra no label de resultado a seguinte mensagem: "**Dados inseridos com sucesso !!**" Senão, ou seja, se for **false** este mostra a mensagem: "**Erro ao inserir dados !!**" para o usuário final.

Perceba que quem fará todo o trâmite de dados, inserindo dados no banco, usando conexão com o banco de dados, usando STORE PROCEDURE e tudo mais é o serviço WebService, e não a página ou sistema que criamos chamada **insereDados.aspx**.

■ Executando o Código Criado Anteriormente

Coloquei a página insereDados.aspx como página de inicialização do projeto. Veja na Figura 13.8 como fazê-lo.

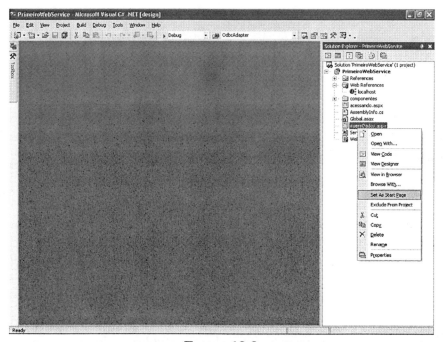

FIGURA 13.8

Depois de ter colocado a página como inicialização do projeto, iniciarei o projeto para que possa ver o trâmite de dados. Para iniciar o projeto basta clicar **F5** (tecla de atalho).

Não posso esquecer de iniciar o servidor de banco de dados. Se este não for inicializado, o sistema não conseguirá conectar no banco de dados, conseqüentemente não inserirá os dados.

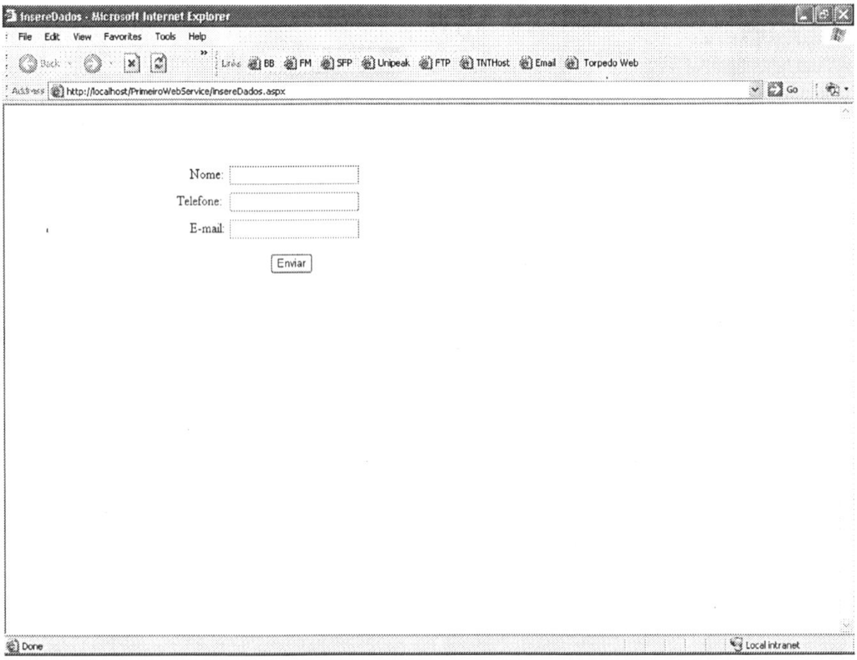

FIGURA 13.9

Na Figura 13.9, mostro apenas como estará a página inicializada do sistema. Antes de tudo, ou seja, antes de inserir os dados e clicar no botão *Enviar*, mostrarei primeiramente como verificar no banco os dados da tabela.

Entrarei na ferramenta *Enterprise Manager,* irei até a tabela de banco de dados, passando pelo servidor e pelo banco de dados chamado *BD_Mobile,* e, continuando, irei pelo item *Tables*, onde encontram-se as tabelas. Agora, nas tabelas, cliquei com o botão direito em cima da tabela chamada *Pacientes*, logo após *Open Table* e, por último, *Return all rows*. Dessa forma, abri os dados da tabela citada anteriormente.

Veja na Figura 13.10 como fazê-lo:

CAPÍTULO 13 ❖ *Criando WebService que Retorna String* **101**

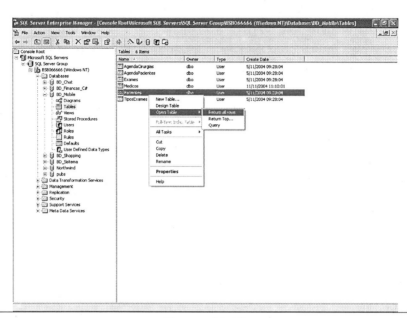

FIGURA 13.10

Na Figura 13.11 mostro apenas que não existem dados na tabela ***Pacientes***.

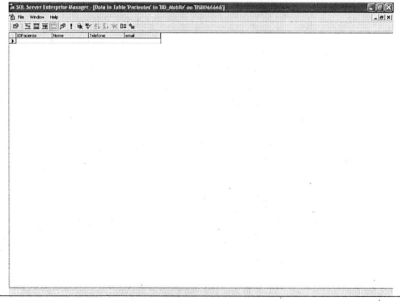

FIGURA 13.11

Continuando com o nosso sistema, agora irei inserir os dados nos campos para gravar no banco de dados através do WebService.

Digitei alguns dados básicos apenas para verificar se tudo foi inserido mesmo no banco.

Veja na Figura 13.12 os dados que digitei:

FIGURA 13.12

Depois de inseridos os dados, cliquei no botão *Enviar* e verifiquei a mensagem na tela logo após verifiquei no banco se os dados foram inseridos com sucesso.

Veja na Figura 13.3 a mensagem que retornou do WebService:

Figura 13.3

Na Figura 13.4, apenas mostro no banco que os dados passados foram inseridos com sucesso.

Isso quer dizer que o WebService, junto com o programa que estou consumindo o mesmo, está funcionando corretamente.

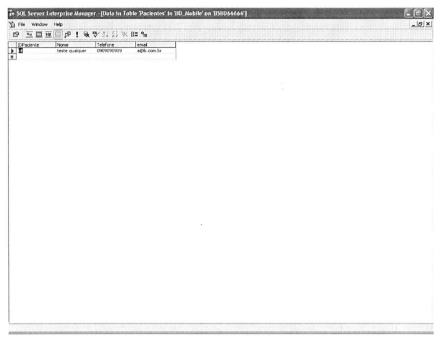

Figura 13.4

Veja que *não* foi tão difícil fazer um WebService (serviço da Web) que insere os dados no banco de dados SQL SERVER.

Esse exemplo de serviço da Web foi simples, porém utilizei tudo que foi necessário para criar e usar o mesmo serviço. Com esse exemplo, você terá uma boa base para criar qualquer outro tipo de serviço da Web com facilidade e rapidez.

Criando WebService que Criptografa Dados

Neste capítulo mostrarei como fazer um serviço da Web criptografar qualquer tipo de dado com segurança e rapidez, usando Visual Studio.NET.

▪ Uso de Criptografia em Sistema de Informação

Se precisarmos desenvolver um sistema que faça uso de criptografia, devemos ter em mente que o seu aspecto mais importante não é, como pode parecer, o tamanho da chave ou o algoritmo usado. O aspecto mais importante é a definição do ciclo de vida da chave: como ela é gerada, armazenada, acessada e distribuída. Através do ataque à chave, e não ao algoritmo, é que consegue-se quebrar um mecanismo de criptografia.

▪ Gerando Chave de Criptografia

Cada algoritmo de criptografia exige um tamanho específico de chave. Independentemente do algoritmo, as chaves de criptografia são geradas a partir de uma semente. Essa semente pode ser um número aleatório, um texto ou um segredo qualquer digitado pelo usuário. Em alguns casos, o algoritmo define um modo de se obter a chave a partir da semente, enquanto que em outros casos pode-se obter a chave de diversas formas, mas sempre a partir da semente.

Qualquer que seja a situação, devemos ter um mente que se a chave foi gerada a partir de um segredo ou senha, ela estará fatalmente comprometida caso tal segredo seja revelado, já que o agente do ataque pode simplesmente gerar novamente a chave. Se for gerada a partir de número aleatório, temos outro problema: as funções de geração de número são pseudoaleatórias. Na maior parte das vezes esses números são baseados na data e na hora em que a semente foi gerada. Assim, pode ser relativamente simples gerar novamente essas sementes e, conseqüentemente, as chaves. Mesmo que o atacante não saiba o segundo e o milissegundo exatos, se ele souber que a chave foi gerada entre as 14:50 e as 15:00 horas (um período de 10 minutos), terá, então, que tentar apenas 600.000 chaves (imaginando que o gerador de números aleatórios considera até o milissegundo), o que é bem pouco.

O ideal seria dispor de um gerador de números aleatórios independente, de características tão simples quanto o tempo e outras especificações físicas da máquina. Também nem sempre é desejável que o usuário entre com algum segredo para servir de semente, pois este pode ficar com o poder de quebrar a chave de criptografia. Uma alternativa muito usada é pedir que o usuário mova o mouse diversas vezes sobre uma tela, de forma que algum parâmetro (soma dos cossenos das retas formadas, por exemplo) seja nosso número aleatório. O usuário dificilmente conseguiria reproduzir essa geração aleatória, mesmo que quisesse. Tampouco poderia o atacar.

Outra situação é aquela em que duas máquinas negociam uma chave de criptografia para uma sessão. Nesse caso, geralmente usa-se o algoritmo de DiffieHellman para estabelecer um par de chaves assimétricas, que são usadas para trocar uma chave simétrica. Nessa situação, a preocupação com a possibilidade de quebra do número aleatório é menor, pois:

— as chaves são alteradas com muita freqüência, o que tornaria difícil até mesmo um número pequeno de testes;
— as chaves são geradas a partir de dois números aleatórios em dois computadores diferentes, o que multiplica a necessidade de testes, já que dificilmente os computadores gerarão as sementes ao mesmo tempo.

Finalmente, os algoritmos de criptografia possuem algumas chaves que são **chaves fracas**. Se uma dessas chaves for usada, o algoritmo pode ser quebrado facilmente por criptoanálise. Assim, verifique se a chave gerada não consta dessa *lista negra* de chaves do algoritmo escolhido antes de usá-la.

■ Quando usar Criptografia de Dados?

A criptografia pode ser usada em uma série de situações, para atingir um grande número de objetivos de segurança.

Confidencialidade: quando é necessário garantir a confidencialidade de uma informação, em um meio fora do controle do sistema, pode-se criptografá-la. Para tal, é possível recorrer a diversas bibliotecas de algoritmos mais comuns de criptografia. O grande problema aqui é onde guardar a chave. O sistema precisa manter a chave protegida, caso contrário não há como garantir a confidencialidade. Se a chave ficar no código do sistema, por exemplo, ficará suscetível a ser obtida pela abertuda do código. Existem duas outras possibilidades: manter a chave em um banco de dados protegido todo o tempo pelo sistema ou delegar a tarefa de manutenção da chave ao usuário.

No caso de uso do banco de dados, deve-se cuidar para que a chave não só fique protegida no armazenamento, mas também durante seu uso para criptografia e descriptografia.

Pode-se utilizar tanto criptografia simétrica quanto assimétrica. Geralmente, a criptografia assimétrica é mais segura, porém mais cara em termos de processamento. Assim, quando se trata de grandes volumes de dados, a opção preferencial é a criptografia simétrica.

Uma outra solução para manutenção da chave protegida é o uso de smart-card com criptografia. Esses cartões contêm um processador com capacidade de realizar a criptografia e descriptografia de dados. A chave, porém, é armazenada em memória write-only, ou seja, pode ser alterada mas não lida externamente (apenas o processador interno do cartão tem acesso à chave). Esses cartões utilizam criptografia assimétrica.

Assinatura eletrônia (conhecida também como assinatura digital): com o uso de criptografia assimétrica, é possível garantir a origem de um documento. A idéia é gerar um par de chaves de criptografia assimétrica para cada usuário. Uma dessas chaves será considerada pública, e a outra, a chave privada desse usuário. A chave pública é mantida em um banco de dados aberto, que pode ser consultado por todos os usuários do sistema. A chave privada, por sua vez, é mantida em poder do usuário e com acesso permitido apenas a ele. Sempre que desejar enviar um dado com garantia da origem, o usuário deve gerar um hash da mensagem e criptografá-lo com sua chave privada. Ao receber a mensagem, o outro usuário pode descriptografar o hash utilizando a chave pública do usuário que diz ser o emissor da mensagem. Se for possível a obtenção do hash correto, tem-se a garantia de que a mensagem foi gerada por aquele usuário, pois apenas ele possui a chave privada que faz par com a chave pública armazenada.

Como saber, porém, que a chave pública pertence realmente àquele usuário? Em um sistema simples, podemos até confiar em sua base de dados. Em sistemas maiores ou com requisitos mais restritos de segurança, é preciso fornecer uma garantia da origem da ligação da chave pública com o usuário. Essa garantia é dada pela designação de uma entidade certificadora, que assina um certificado e que contém a identificação do usuário e sua chave pública, com uma chave privada certificadora. Se o usuário confia na certificadora, ele usa uma chave pública para garantir que a identidade confere com a da chave.

Repare ainda que pode haver certificadoras de certificadoras, as quais garantem os certificados emitidos. Essa estrutura de certificação é conhecida como PKI, ou *public key infra-structure*, cujo objetivo é garantir a ligação do usuário, de forma que as estruturas de PKI também cuidem da geração e distribuição das chaves privadas.

Não-repúdio de origem: o não-repúdio de envio é um mecanismo com o objetivo de garantir que o receptor possa provar a origem de uma mensagem. Por exemplo, um cliente faz um pedido de compra através de um e-mail. Na hora de pagar, ele alega que não enviou qualquer mensagem. Assim, para garantir o bom funcionamento do sistema, é necessário um mecanismo com o qual se possa provar que o pedido foi feito. Fora do mundo eletrônico, isso é feito através da assinatura do pedido de compra. Da mesma forma, esse procedimento pode ser facilmente implementado com uma assinatura eletrônica e uma estrutura de PKI, aceita por ambas as partes envolvidas.

Não-repúdio de recebimento: da mesma forma que o cliente pode negar a realização do pedido, o comprador pode alegar que não o recebeu. A única maneira de garantir o recebimento é através do envio da mesma mensagem, ou ao menos do hash desta, assinado eletronicamente pelo receptor, de volta para o emitente original. Algo semelhante ao protocolo de recebimento utilizado para documentos físicos.

Garantia de privacidade com responsabilização do usuário: o sistema pode manter a trilha de auditoria criptografada com uma chave pública. A chave privada é mantida sob o controle da instância ou do sistema, que tem o direito de quebrar a privacidade dos usuários com objetivo de responsabilização.

Garantia de integridade: embora existam formas mais simples de garantir a integridade dos dados, a criptografia também pode fazer isso. Se for necessário criptografar os dados para manter a privacidade, não é necessário outro mecanismo para garantir a integridade das informações.

■ Criando a Classe de Criptografia

Criarei agora uma classe de criptografia que terá dois métodos: um que criptografa e outro que descriptografa dados. Criarei um serviço da Web (WebService) que acessará essa classe de criptografia passando os parâmetros e o mesmo retornará uma string criptografada.

Para começar, criei uma classe dentro da pasta **componentes** chamada *clsCriptografia.cs*. Como disse acima, essa classe terá dois métodos chamados *encryptografa* e *decryptografa*.

Veja na Figura 14.1, mostrando como criar a classe:

Depois da classe criada, retirei o método construtor e, no início da classe, importei uma classe de criptografia que irei usar mais a frente.

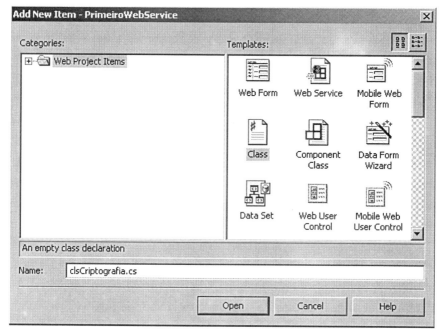

FIGURA 14.1

Veja o código de importação, logo abaixo:

```
using System.Security.Cryptography;
```

No começo da classe, declaro duas variáveis, uma delas é minha chave fixa real. As duas são uma array de bytes, não posso esquecer que utilizarei as mesmas mais à frente. Veja o código abaixo:

```
//variaveis para criptografia
Byte[] IV = new byte[] {0x0012, 0x0034,0x0056, 0x0078,
0x0090, 0x00AB, 0x00CD, 0x00EF};
Byte[] key
=System.Text.Encoding.UTF8.GetBytes("mauricio");
```

Continuando com a classe, criarei um método chamado *encryptografa*, passando como parâmetro um valor digitado. O que o método irá fazer é:
— pegar o valor passado normalmente;

Capítulo 14 ❖ Criando WebService que Criptografa Dados

— criptografar o valor passado de acordo com a minha chave;
— converter para ToBase64;
— retornar a string criptografada para o método que o chamou.

Veja o código abaixo da classe de criptografia:

```
/// <summary>
/// metodo que encriptografa os dados de acordo com a minha variavel
/// acima e os valores passos
/// ex.: encryptografa("valor")
/// </summary>
/// <param name="strValor"></param>
/// <returns>string</returns>
public string encryptografa(string strValor)
{
   try
   {
   DESCryptoServiceProvider des = new DESCryptoServiceProvider();
   Byte[] inputByteArray = System.Text.Encoding.UTF8.GetBytes(strValor);
   System.IO.MemoryStream ms = new System.IO.MemoryStream();
   CryptoStream cs = new CryptoStream(ms, des.CreateEncryptor(key, IV), CryptoStreamMode.Write);
   cs.Write(inputByteArray, 0, inputByteArray.Length);
   cs.FlushFinalBlock();
   return Convert.ToBase64String(ms.ToArray());
   }
   catch (System.Exception ex)
   {
   return ex.Message;
   }
}
```

No próximo método da classe de criptografia, este chamará *decryptografa* passando um valor *criptografado*.

Este pega o valor criptografado passado; verifica a chave fixa; converte o valor passado; retorna para o método que chamou o valor descriptografado.

Veja o método abaixo:

```
/// <summary>
/// metodo que descriptografa os dados de acordo com os valores passos
/// e as variaveis acima
/// ex.: decryptografa("valor_criptografado")
/// </summary>
/// <param name="strValor"></param>
/// <returns>string</returns>
public string decryptografa(string strValor)
{
   Byte[] inputByteArray = new byte[strValor.Length];
   try
   {
      DESCryptoServiceProvider des = new DESCryptoServiceProvider();
      inputByteArray = Convert.FromBase64String(strValor);
      System.IO.MemoryStream ms = new System.IO.MemoryStream();
      CryptoStream cs = new CryptoStream(ms, des.CreateDecryptor(key, IV), CryptoStreamMode.Write);
      cs.Write(inputByteArray, 0, inputByteArray.Length);
      cs.FlushFinalBlock();
      System.Text.Encoding encoding = System.Text.Encoding.UTF8;
   return encoding.GetString(ms.ToArray());
   }
   catch (System.Exception ex)
   {
      return ex.Message;
   }
}
```

Colocarei a classe toda abaixo, para que você veja como ficaram todos os métodos da classe **clsCriptografia.cs**. Segue o código abaixo. Logo após, a Figura 14.2 da classe:

```
using System;
using System.Security.Cryptography;

namespace PrimeiroWebService.componentes
{

/// <summary>
/// Summary description for clsCriptografia.
/// </summary>
public class clsCriptografia
{
   //variaveis para criptografia
   Byte[] IV = new byte[] {0x0012, 0x0034,0x0056,
0x0078, 0x0090, 0x00AB, 0x00CD, 0x00EF};
   Byte[] key =
System.Text.Encoding.UTF8.GetBytes("mauricio");

/// <summary>
/// metodo que encriptografa os dados de acordo com a
minha variavel
/// acima e os valores passos
/// ex.: encryptografa("valor")
/// </summary>
/// <param name="strValor"></param>
/// <returns>string</returns>
   public string encryptografa(string strValor)
   {
      try
      {

         DESCryptoServiceProvider des = new
DESCryptoServiceProvider();
         Byte[] inputByteArray =
```

```
System.Text.Encoding.UTF8.GetBytes(strValor);
      System.IO.MemoryStream ms = new System.IO.MemoryStream();
         CryptoStream cs = new CryptoStream(ms, des.CreateEncryptor(key, IV), CryptoStreamMode.Write);
         cs.Write(inputByteArray, 0, inputByteArray.Length);
         cs.FlushFinalBlock();
         return Convert.ToBase64String(ms.ToArray());
      }
      catch (System.Exception ex)
      {
         return ex.Message;
      }
   }

/// <summary>
/// metodo que descriptografa os dados de acordo com os valores passos
/// e as variaveis acima
/// ex.: decryptografa("valor_criptografado")
/// </summary>
/// <param name="strValor"></param>
/// <returns>string</returns>
   public string decryptografa(string strValor)
   {
      Byte[] inputByteArray = new byte[strValor.Length];
      try
      {
         DESCryptoServiceProvider des = new DESCryptoServiceProvider();
         inputByteArray = Convert.FromBase64String(strValor);
         System.IO.MemoryStream ms = new System.IO.MemoryStream();
         CryptoStream cs = new
```

```
CryptoStream(ms, des.CreateDecryptor(key, IV),
CryptoStreamMode.Write);
      cs.Write(inputByteArray, 0,
inputByteArray.Length);
      cs.FlushFinalBlock();
      System.Text.Encoding encoding =
System.Text.Encoding.UTF8;
      return
encoding.GetString(ms.ToArray());
    }
    catch (System.Exception ex)
    {
      return ex.Message;
      }
    }
  }

}
```

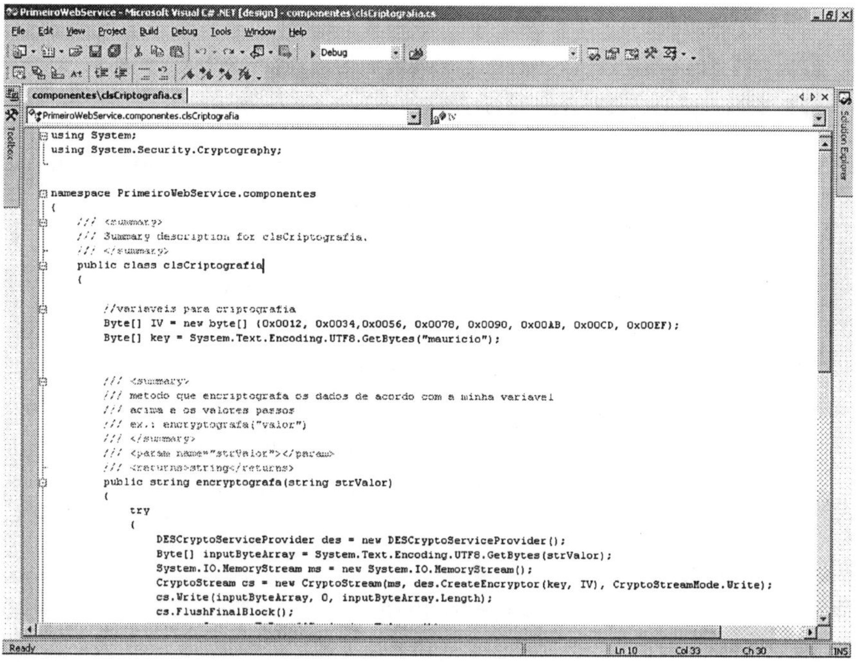

FIGURA 14.2

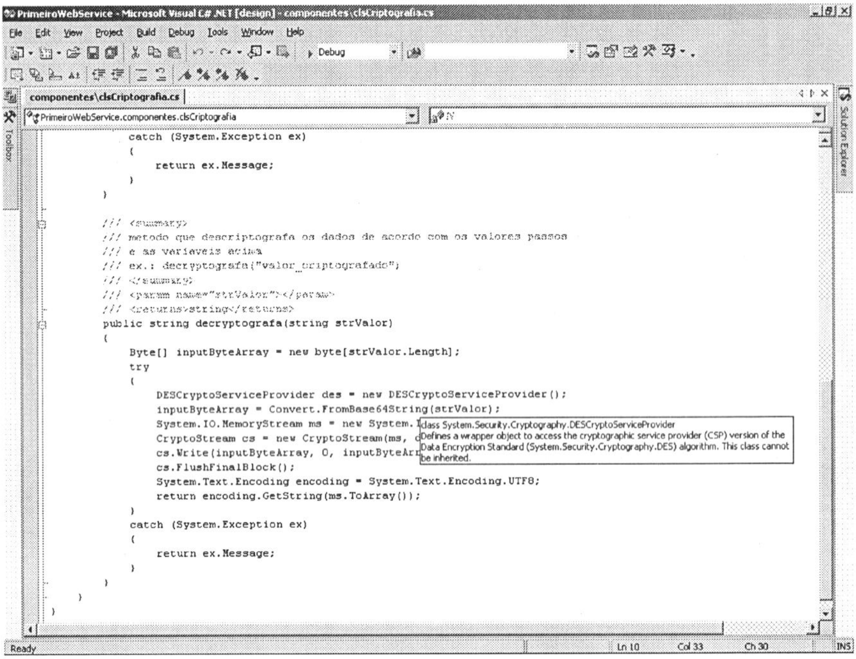

FIGURA 14.3

▪ Criando WebService para Criptografar e Descriptografar Dados

Essa é a parte mais fácil do Serviço da Web. Utilizarei apenas a classe feita anteriormente, passando os parâmetros e mostrando o dado retornado do método.

Criarei o serviço da Web na classe Servico.asmx, junto com os outros serviços criados anteriormente. Cliquei duas vezes no arquivo citado e acrescentei mais duas classes: uma chamada **encrypt (string valorDescriptografado)** e o outra **decrypt (string valorCriptografado)**.

Uma classe criptografa os dados e a outra descriptografa.

Começando do método *encrypt,* veja o código abaixo:

```
/// <summary>
/// Metodo que criptografa dados
/// </summary>
/// <param name="valorDescriptografado">string</param>
```

```
/// <returns>string</returns>
[WebMethod(Description="WebService que criptografa
dados")]
   public string encrypt(string valorDescriptografado)
   {
      PrimeiroWebService.componentes.clsCriptografia sCript = new PrimeiroWebService.componentes.clsCriptografia();
      return sCript.encryptografa(valorDescriptografado);
   }
```

▪ Explicando o Código

O método acima é bem simples e fácil de entender.

Primeiramente estou colocando para o mesmo receber um parâmetro chamado valorDescriptografado. Esse valor é o mesmo digitado ou passado para o serviço da Web.

Na linha abaixo, estou apenas instanciando a classe de criptografia de dados. Junto a essa instância, criei uma variável chamada **sCript**. Essa é a variável que usarei para chamar o método **encrytografa**.

Na próxima linha, estou colocando a minha variável e chamando o método, passando o parâmetro que retornou (valorDescriptografado). O return significa que o mesmo retornará um XML para o programa que o chamou, passando o resultado da string. No começo do método, veja que retorna apenas uma String; **public string**.

Foi bem simples e fácil.

Passando para o método, não esqueça de que esse próximo método é para descriptografar dados passados.

O mesmo não é tão diferente do anterior, porém usa outro método dentro da classe de criptografia. Eu poderia fazer até o mesmo WebService, porém quis dividir, para ficar mais fácil o entendimento.

Veja abaixo o código do método:

```
/// <summary>
/// Metodo que descriptografa dados criptografados
```

```
/// </summary>
/// <param name="valorCriptografado">string</param>
/// <returns>string</returns>
[WebMethod(Description="WebService que descriptografa
dados")]
   public string decrypt(string valorCriptografado)
   {

   PrimeiroWebService.componentes.clsCriptografia
sCript = new
PrimeiroWebService.componentes.clsCriptografia();
   return sCript.decryptografa(valorCriptografado);
   }
```

Explicando o Código

Coloquei uma descrição antes da assinatura do método, tentando explicar ao menos o que o método faz ou executa.

Analisando primeiramente a assinatura do método, veja que o mesmo retorna um tipo de objeto chamado string, e que recebe um valor também do tipo **string**.

Veja o nome do método agora: **decrypt**.

Na linha abaixo, estou instanciando a classe de criptografia que foi criada anteriormente, criando uma variável chamada **sCript**.

Depois que instancio a classe, coloco o nome da minha variável mais (+) o ponto, e o mesmo mostra todos os métodos disponíveis para o uso, porém o que vamos usar agora é o **decryptografa (valorCriptografado)**.

O return serve apenas para retornar o valor passado da classe de criptografia para o método que o chamou, encapsulando o retorno para um arquivo XML e retornando.

Você viu que não foi tão difícil assim fazer um WebService que criptografa e descriptografa dados. Esse serviço pode ser usado por você na hora que quiser, ou mesmo se colocá-lo na internet, poderá ser usado para ajudar as pessoas na criptografia de dados. Essa é uma das poucas idéias que podem ser criadas.

■ Executando o Código Criado

Mostrarei agora o sistema de WebService funcionando corretamente, não esquecendo de que o mesmo pode ser disponibilizado na internet, podendo assim ser utilizado em qualquer parte do mundo, localmente ou não. Disponibilizei o mesmo serviço no endereço abaixo, espero que ajude a muitas pessoas:

http://www.ascompras.com.br/webserviceCript/Servico.asmx

Primeiramente coloque a classe *Servico.asmx* como página principal do projeto, que inicializará quando clicar F5 no projeto do Visual Studio.NET.

Veja como fazer, na figura abaixo:

Clique F5 no projeto do Visual Studio.NET, para inicializar o sistema que acabei de criar com WebService. Veja que a figura abaixo mostrará um monte de serviços que criamos no mesmo WebService.

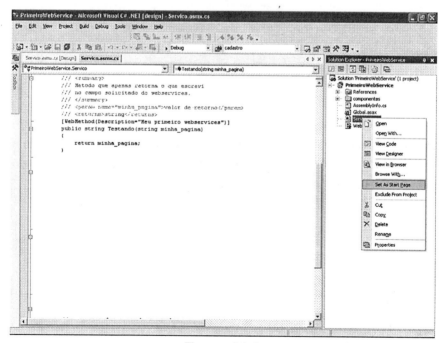

FIGURA 14.4

Assim, você pode clicar em qualquer um deles para executar, porém o que testarei agora é o serviço de criptografia. Veja a Figura 14.5 mostrando todos os serviços da Web criados:

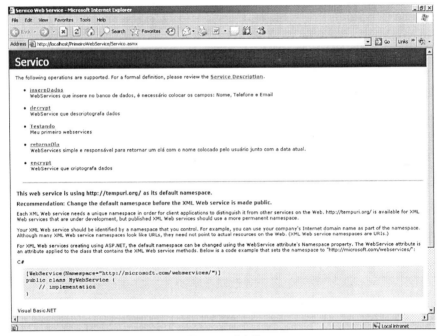

FIGURA 14.5

Clique na WebService de nome *encrypt*. Logo aparecerá um campo e algumas observações importantes do serviço especificado, como o tipo de valor, o valor de entrada, um campo para que possa ser mandado um valor e um botão *Invoke,* para ser clicado.

CAPÍTULO 14 ❖ *Criando WebService que Criptografa Dados* **121**

Veja na Figura 14.6 como o seu sistema deve ficar:

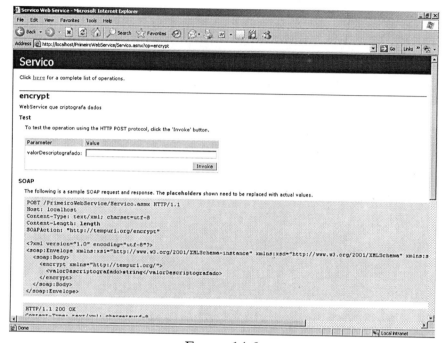

FIGURA 14.6

Agora, digitarei um nome ou frase qualquer, clicando logo em seguida no botão *Invoke*. Depois, o sistema mandará o valor e retornará um XML, mostrando um valor criptografado.

Não esqueça de copiar esse mesmo valor e usar o outro método para descriptografar. Veja passo a passo, na página seguinte, como tudo dará certo.

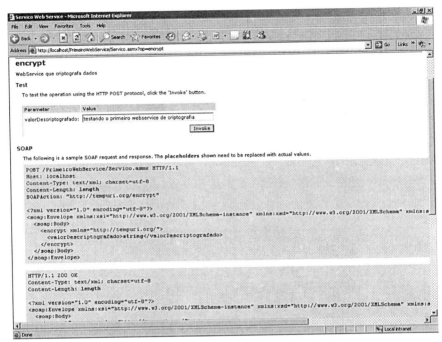

FIGURA 14.7

Na tela da Figura 14.7 tem um campo para colocar o valor. Nesse campo, digito o seguinte: *testando o primeiro webservice de criptografia*. Depois de digitar, clicarei no botão para a criptografia de dados. Veja na Figura 14.8 o resultado trazido para a tela:

Não esqueça de copiar o código gerado e criptografado pelo WebService. Com isso, posso colocá-lo no outro método para descriptografar, testando assim o sistema.

Copiei todo o código gerado, voltei para o serviço de WebService onde estão todos os serviços disponíveis e cliquei agora no método **decrypt**.

Esse método apenas irá descriptografar o valor que copiei anteriormente, criptografado pelo método de criptografia de dados.

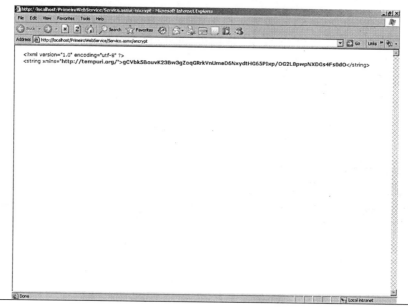

FIGURA 14.8

Na Figura 14.9, estou mostrando como copio o valor criptografado.

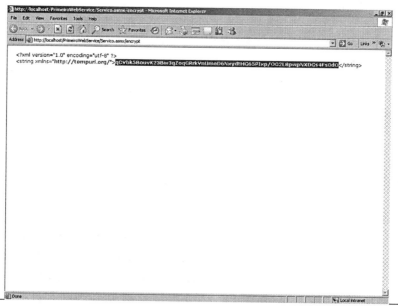

FIGURA 14.9

Seguindo o raciocínio, agora estou no método que descriptografa os dados ou string criptografada pelo mesmo objeto.

Em seguida coloco a string que copiei anteriormente e clico no botão *Invoke*. Esse mesmo WebService de descriptografia de dados possui algumas informações sobre o método e tudo mais.

Na Figura 14.10, mostro que estou no método de descriptografia.

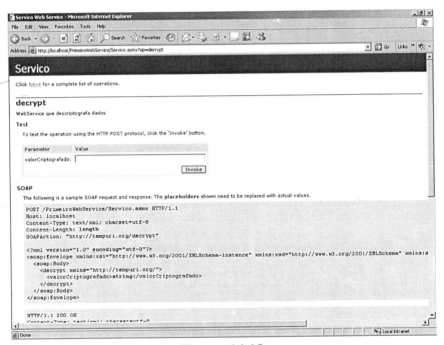

Figura 14.10

Na Figura 14.11, mostro que colei o código que havia copiado anteriormente e então clicarei no botão para descriptografar os dados.

Você não concorda que o mesmo deverá trazer a frase que criptografei?

Clicando no botão *Invoke*, feche os olhos e ore para o método trazer a mesma frase que foi adicionada no método de criptografia. Acho que esqueci qual a frase que adicionei. A frase que foi adicionada para ser criptografada é a seguinte: *"testando o primeiro webservice de criptografia"*. Esse método de descriptografia de dados deve trazer essa

CAPÍTULO 14 ❖ *Criando WebService que Criptografa Dados* **125**

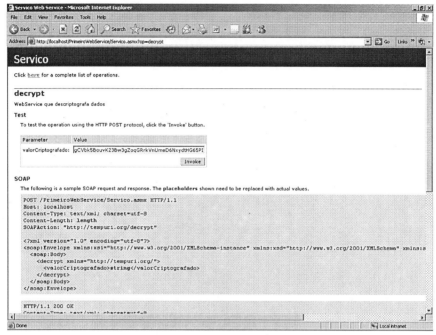

FIGURA 14.11

string acima, do mesmo jeito que foi, inclusive com os espaços em branco e tudo mais.

Eu estava brincando quando falei para fechar os olhos e orar para tudo dar certo. O mesmo trará com certeza, essa frase, sem problemas. Como prova, veja a Figura 14.12:

▪ Dicas de WebSservices Prontos

Nessa parte do livro apenas indico idéias para você desenvolver WebServices que possam vender todos os serviços on-line.

Fiz um serviço da Web, a alguns dias atrás que fazia o seguinte:

Um serviço Web que utilizava outro serviço Web, que fazia busca direta no site do Google, mostrando todos os resultados na sua própria página. Havia apenas um problema, que mais adiante falarei.

Esse serviço que fiz, buscava os resultados e retornava todos os encontrados direto do banco de dados do Google (um dos sistemas

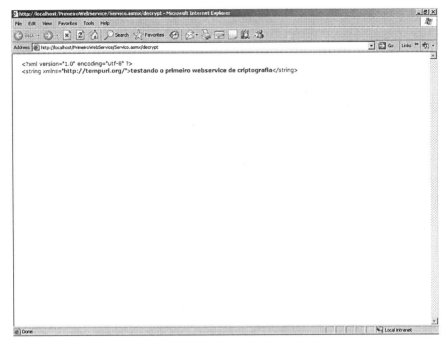

FINGURA 14.12

de busca mais famosos do mundo), e no final, mostrava em meu próprio site.

O único problema que reconheço nesse serviço da Web, é o retorno do banco de dados com apenas 10 resultados. Para ter mais resultados, tenho que pagar ao Google um valor.

Essa também é uma forma do site ganhar dinheiro, disponibilizando um serviço que busca dados, porém com limitações. Para ter tudo, terei que pagar.

O serviço que desenvolvi se encontra no endereço abaixo. Acesse e veja:

www.ascompras.com.br/google

Passaremos agora para outro serviço que desenvolvi. Algum tempo atrás, fiz um sistema de validação de CPF ou CNPJ em um mesmo serviço da Web.

Explicarei aqui como funciona.

CAPÍTULO 14 ❖ Criando WebService que Criptografa Dados   **127**

Primeiramente, há classes nesse sistema que fazem essa verificação. Portanto, criei apenas um outro *asmx* para utilizá-los.

A minha aplicação manda um número para o serviço. Este pega os valores, faz a verificação de acordo com o algoritmo da receita federal e retorna para a aplicação, que chamou um valor do tipo *Boolean*, ou seja, *true* ou *false*. Se for *true*, o número informado é verdadeiro, se o retorno for *false*, o valor não é verdadeiro.

Esse serviço pode ser usado a toda hora. Com isso, não é necessário pagar scripts na internet sem saber o que o mesmo faz. Esse código que verifica os CPFs e CNPJs são algoritmos criados igualmente ao do sistema da Receita Federal.

Para ver o serviço funcionando, acesse o link abaixo:

www.ascompras.com.br/webservicecript/cpfcnpj.aspx

Mostrarei agora o próximo serviço da Web que criei, o que é uma forma de segurança de dados bem especial.

O WebService foi criado para criptografar e descriptografar dados enviados, ou seja, posso utilizá-lo para criptografar informações de clientes e gravar no banco de dados, e, quando quiser descriptografar, basta utilizar o outro método que existe no mesmo serviço da Web. Nele, existem dois métodos: um serve para criptografar, e outro para descriptografar os dados enviados.

Esse serviço da Web que criei criptografa qualquer tipo de dados, assim você pode guardar no banco, dados criptografados com segurança e rapidez. Os dados gravados no banco criptografado, mesmo que haja invasão no servidor de banco ou coisa parecida, o hacker ou cracker não conseguirá descriptografar os seus dados.

Esse serviço encontra-se no endereço abaixo. Acesse e veja o mesmo funcionando:

www.ascompras.com.br/webservicecript

Espero que essas dicas citadas acima sirvam para você, leitor, criar mais idéias onde possa utilizar WebServices.

■ Nota Final

Espero que tenha aprendido e entendido mais sobre o Visual Studio.NET, com a tecnologia ASP.NET com WebService, usando a linguagem C#.NET. Considero você, um vencedor, ao chegar no final deste livro. Para sanar quaisquer dúvidas sobre o mesmo, estou à disposição no e-mail, apresentado no início do livro.

Nessa primeira edição, explico algumas informações e conceitos de WebService, porém na segunda edição exemplos mais complexos, mostrando idéias novas de serviços e colocando os mesmos na internet.

Dante Explica Java 5

Autor: *Everton Barbosa Gomes*
692 páginas
ISBN: 85-7393-409-3

A excessiva dependência de um fornecedor único torna tudo mais caro.
Multiplataforma, poderosa e livre, Java é liberdade de escolha.
É com grande satisfação que a segunda edição dessa obra traz até você Java 5, do básico ao avançado e em todas as suas faces.
Que esse livro seja para você ao menos uma parte do que ele representa para mim.
Boa leitura!
O Autor.

Entre as novidades da segunda edição, estão:

- Novos capítulos;
- Estudo de caso;
- Túnel do tempo.

A toda nova plataforma Java explicada pela renovada edição dessa obra é garantia de uma boa leitura.
Conteúdo da obra: 29 capítulos, 76 ilustrações, 23 tabelas, apêndice com glossário.

À venda nas melhores livrarias.

Sistemas Inteligentes em Controle e Automação de processos

Autor: *Mario Massa de Campos e Kaku Saito*

248 páginas

ISBN: 85-7393-308-9

Sistemas Inteligentes em Controle e Automação de Processos é um livro voltado para a área de automação de processos, ou seja, abrange as áreas de engenharia elétrica, química ou mecânica, e profissionais e estudantes ligados ao assunto, sejam eles projetistas, técnicos, operadores, ou engenheiros. No livro, eles encontram várias técnicas ligadas à implantação de sistemas inteligentes, enfocando principalmente desde o processo do projeto funcional até a operação do mesmo após sua implantação.

Os autores Mario Massa de Campos e Kaku Saito têm vasta experiência acadêmica e prática, com formação e especialização no assunto reconhecidas por entidades de estudo internacionais, e encontram-se envolvidos atualmente no desenvolvimento e implantação de projetos de sistemas inteligentes.

À venda nas melhores livrarias.

EDITORA CIÊNCIA MODERNA

A arte da fotografia digital

Autor: *André Luiz de Alvarenga*
256 páginas
ISBN: 85-7393-385-2

Neste livro aprenda passo a passo as técnicas mais utilizadas por grandes profissionais do mundo fotográfico. Você irá descobrir os segredos que as revistas utilizam para o aprimoramento de suas fotos, dentre eles técnicas como:

- Rejuvenescimento
- Remoção de manchas
- Correção de imperfeições faciais
- Troca de cores de cabelo e de roupas
- Troca de cores dos olhos

A fotografia artística também é abordada, com técnicas para:

- Conversão de fotos coloridas em preto e branco
- Utilização de filtros de cores em imagens
- Produção de imagens em infra-red
- Criação de fotos panorâmicas
- Restauração avançada de fotos

Para o fotógráfo tradicional, todas as técnicas utilizadas em sala escura também foram abordadas neste livro. Aprenda várias técnicas digitais, tais como:

- Colorir fotos em preto e branco
- Realizar simulação de revelação em processamento cruzado C41 em E6 e vice versa
- Remover sombras e corrigir nitidez e cores
- Corrigir olhos vermelhos

À venda nas melhores livrarias.

Impressão e acabamento
Gráfica da Editora Ciência Moderna Ltda.
Tel: (21) 2201-6662